図解 即 戦力 | 豊富な図解と丁寧な解説で、知識0でもわかりやすい！

小売業界の

しくみとビジネスが
しっかりわかる
これ1冊で **教科書**

中井彰人
Akihito Nakai

JN041130

技術評論社

ご注意：ご購入・ご利用の前に必ずお読みください

はじめに

　私たちの生活に必要不可欠な「買い物」の場を司る小売業は、古くから存在する商売ではありますが、戦後、米国からチェーンストアシステムが導入されてから、近代的な産業へと生まれ変わりました。そして、高度成長期以降、業界のメインプレイヤーは目まぐるしく入れ替わるようになりました。1970年代にはそれまでの百貨店にかわって、大手総合スーパーが主役となりましたが、90年代以降は専門店チェーンが成長し、その集積である大型ショッピングセンターの存在感が大きくなりました。そして、今ではEコマースが台頭し、リアル小売業を脅かす存在となりつつあります。こうした主役の変遷は、社会環境の変化や技術革新の発展段階に応じて、小売業のあり方が大きく変化していくことを表しています。

　本書では、小売業の戦後史を紐解きながら、その背景となった環境変化や技術革新がどのように影響したかを考察し、これから確実に起こるであろう環境変化や技術革新を確認して、これからの小売業の方向性について考えていく材料を提供することを目指しました。なぜ、歴史を紐解くのかと言えば、顧客である消費者の本質自体は、時代が変わろうとも、根本的に変わりはないからです。業界に起こる変化とは、その時々の環境や技術革新によって大きく左右されるものであり、過去どのように影響していたかを確認することで、これからの業界の行方を考えるための重要な道標が見えてきます。人口減少高齢化やIoT、AIの進化など今後確実に起こる変化を想定して、その影響を反映させることで、業界の未来を思い描くことは可能だと信じています。

　付章では、小売業の現状をリアルタイムで把握することができる公開情報の入手の仕方についてもご紹介しています。刻々と変化する情報のブラッシュアップにお役立てください。本書が、小売業界で仕事をしてみようと考える方、小売業界と関わりあるお仕事をされる方々の多様なアイデア出しのための足がかりとなることを願ってやみません。

中井彰人

CONTENTS

Chapter 1

小売業界の動向

Chapter 2

小売業界の基本知識

Chapter 3

主な職種と仕事内容

Chapter 4

業態の変遷の歴史とその背景

Chapter 5

各業態の知識　百貨店

Chapter 6

各業態の知識　スーパーマーケット

Chapter 7

各業態の知識　コンビニエンスストア

Chapter 8

各業態の知識　専門店チェーン

Chapter 9

各業態の知識　EC

Chapter 10

小売業界の展望と課題

付章　情報収集のためのヒント

第1章

小売業界の動向

消費者を顧客とする小売業界を知るためには、消費者を取り巻く環境を理解しておく必要があります。ここでは、所得、人口減少高齢化、技術革新の動向など、消費者に影響を及ぼすキーワードについてまとめています。

Chapter1 01

個人所得の低下と総中流社会の崩壊

1990年代以降、デフレ、消費のサービス化、個人所得環境の変化を要因として小売市場は伸び悩みが続きました。総中流といわれた日本の消費構造も、非正規雇用比率の上昇などによって少しずつ変化してきています。

日本の小売市場規模は伸び悩み気味で推移

日本の小売市場は1990年代をピークに伸び悩み、2000年代以降少しずつ増加基調にはあるものの、今でもピーク時の水準には戻ってはいません。背景としては、デフレの影響による単価下落、消費のサービス化、個人所得環境の変化などが影響していると考えられます。

消費者物価指数
全国の世帯が購入する家計に係る財およびサービスの価格などを総合した物価の変動を時系列で測定する指標。総務省統計局が作成。

まず、デフレの影響に関していえば、消費者物価指数は1998年以降2014年まで長期間にわたり、前年比マイナスで推移しており、常に消費を押し下げる圧力が続いていたことになります。消費のサービス化とは、モノにお金を使うより、サービスにお金を回す傾向のことです。いまや我々の家の中にモノがあふれていることを考えれば、ケータイ、ネット通信料や「コト消費」に比重が移っていくというのもうなずけます。

コト消費
アクティビティやイベントなど所有で得られない体験や経験にお金を使う消費志向のこと。

非正規雇用と収入減で、総中流社会は過去のことに

なかでも影響が大きかったのは、個人所得環境の変化であると考えられます。1990年代後半から日本経済は失われた10年ともいわれる低迷期に入り、企業業績が大きく落ち込んだことで、経費削減を進める動きが広がりました。多くの企業は、製造拠点の集約、海外移転、人員削減といった固定費削減を急速に推し進めることで生き残りを図りました。また同時に、雇用調整を行いやすい非正規雇用へのシフトによる人件費の流動化が進行しました。

固定費
企業の費用のうち、売上の増減にかかわらず発生する一定額の費用のことで、例としては人件費、賃借料、水道光熱費などがある。

これ以降、被雇用者に占める非正規労働者の割合は緩やかに増え続け、景気低迷期から脱している近年においてもその傾向が続いています。結果、長きにわたって1人あたりの収入は右肩下がりで推移することになり、将来への不安を抱く消費者は財布の紐

▶ 小売市場規模の推移（自動車、燃料除く）

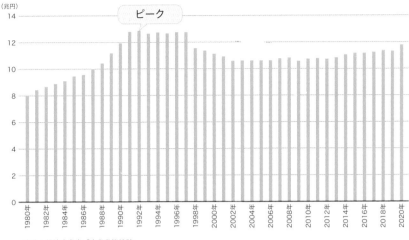

出典：経済産業省「商業動態統計」

▶ 家計消費支出（1世帯当たり）

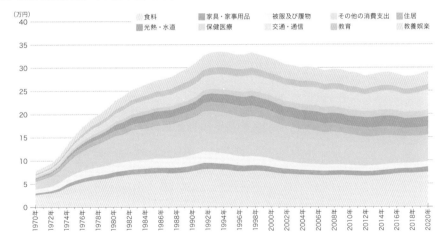

出典：総務省統計局「家計消費支出」より作成

を締めざるをえませんでした。

　さらにいえば、経済環境が改善する局面で、正規雇用者の所得は徐々に回復していきましたが、非正規雇用者はその恩恵を受けづらいため、所得格差は拡大することになります。失われた10年を経ることで、1億総中流といわれた社会構造は大きく変化したのです。小売業にとっての巨大な同質マーケットであった中流層は拡散し、より緻密なマーケティングが必要な時代になりました。

同質マーケット
似たようなニーズを持った消費者層の大きな塊（本文中の場合、中流大衆層のこと）を指す。こうした同質化したマーケットがあることで、大量生産大量消費が効率的に行える。

Chapter1
02

人口減少と高齢化がもたらすマーケットの変化

少子化を背景に日本の人口減少と高齢化が確実に進んでいくため、個人消費も縮小傾向で推移することになります。特に団塊世代、団塊ジュニア世代が後期高齢者になる2025年、2050年前後が大きな節目となりそうです。

人口減少による個人消費の長期的な縮小は不可避

日本の人口は既に減少局面に入り、今後はさらに減少が進んでいきます。少子化を背景としているため、子どもの数が減り、生産年齢人口の割合も落ち込み、65歳以上の高齢者の割合が高くなる、いわゆる高齢化が加速していくことになります。個人消費は人口規模との関連性が高いため、人の頭数が減っていけば縮小することは避けられません。また経済活動を主に担っている生産年齢人口の割合が下がってくることで、国内経済規模が縮小する可能性もあります。今後の労働生産性の改善が進まなければ、消費の下振れは人口減少以上に進む可能性もあるでしょう。

ただ、高齢化が進行するといえば、1人当たりの消費が少なくなるというマイナスイメージがありますが、統計上では意外にも1人あたりの消費支出は、生産年齢世代よりも高齢者の支出額の方が高くなっています。

2025年、2050年が消費落ち込みの節目に

ただし、後期高齢者が大きく増加する局面では、消費への下振れ圧力となることは避けられません。近い将来で節目となると思われるのは、人口構成のなかで大きな塊であった団塊世代が75歳以上の後期高齢者となる2025年前後、続いては、その子世代にあたる団塊ジュニア世代が後期高齢者となる2050年前後です。この頃になると消費の落ち込み傾向を覚悟せざるをえないでしょう。

これまでも小売業は1990年代の消費の落ち込みと、今世紀に入ってからの緩やかな回復という伸び悩みの時代を経てきました。今後の国内消費もマイナス傾向の時代が続きます。小売業は右肩下がりを前提とした経営に移行する必要に迫られているのです。

団塊世代
第一次ベビーブームといわれる1947〜49年生まれの世代。

団塊ジュニア世代
第2次ベビーブームといわれる1971〜74年生まれの世代。団塊世代と共に人口構成上、大きな集団となっているため、消費に与える影響が高い。

▶ 日本の将来人口推計（年齢階層別）

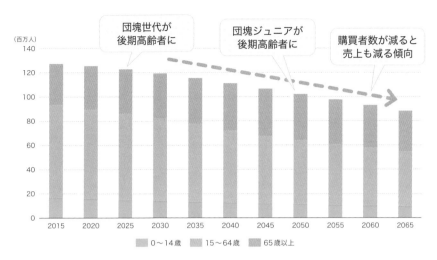

出典：総務省統計局「日本の将来推計人口」より作成

▶ 1人当たりの消費支出（円／1か月）

世帯主の 年齢階級	30～39歳	40～49歳	50～59歳	60～69歳	70歳以上
1人当たりの 消費支出（円）	81,529	91,407	112,538	113,977	104,515

出典：総務省「家計調査年報」2020年

👆 ONE POINT

高齢者の消費が人口減少の下支えに

高齢者は1人暮らしの比率が高くなるので、1人当たりの生活コストがかかりますし、子育て関連の支出負担がなくなります。このため、現状の年金支給額水準が相応に維持されていけば、高齢化が進行するからといって急激に消費の落ち込みに直結することはなさそうです。高齢化は当面は人口減少による市況の低迷を下支えする緩和要因ともなりそうです。

Chapter1
03

人口減少と高齢化がもたらす地域格差の拡大

人口減少は地域によって差があり、大都市から遠い地域ほど減少幅は大きいようです。地方では、小売業は長期的な市場縮小や人手不足への対応を迫られることになり、再編を視野に入れざるをえません。

地域によってばらつきがある人口減少

　国内消費にとって避けられない課題である人口減少は、国内一律のスピードで進行するわけではありません。地域によって人口の減少度合いは異なり、概して大都市圏の人口減少は小さく、大都市から離れた地域ほど減少幅が大きいということが予測されています。例えば、2045年でも東京都は2020年と比べて97〜98％程度の人口が保たれますが、秋田県や青森県では80〜82％程度まで減少が進みます。また、地域の中でもさらに差があり、県庁所在地ではある程度人口は保たれますが、山間部などの過疎地域は急激に人口が減ることになるのです。

縮小均衡を前提とした地方の小売業の生き方

　地方の消費規模は、地域によって差はありますが、これからの30年間で2〜3割消失することになります。したがって、地域の消費と密接な関係のある小売業は、今後、消費の縮小を前提とした経営を行っていかなければなりません。しかし、店舗小売業の場合、店舗や物流センターなどの大きな設備を抱え、多くの従業員の力で成り立っている産業なので、多くの固定費がかかります。消費が縮小傾向にあるということは、売上が右肩下がりで推移するということですから、利益も着実に下がり続けることになります。

　人件費や賃借料などは、適宜減らしていかねばなりませんが、店舗や物流を維持していく必要があるため、その調整はかなり大変です。企業活動と雇用を保ちつつ、ゆっくりと縮小していくためには、業界再編によって企業体力を強化していくことも選択肢に入れなければなりません。縮小均衡というこれまで誰も経験し

過疎地域
地域の人口が減少し、医療、教育、防災などの地域における基礎的生活条件の確保にも支障をきたし、その地域で暮らす住民の生活水準や生産機能の維持が困難になる地域。過疎地域自立促進特別措置法で指定された自治体は、817自治体あり全市町村の47.6%を占める。

縮小均衡
経済が需給のバランスを維持しながら規模を縮小していくこと。企業の場合だと、右肩下がりの市場環境の下で、低下する収益と費用のバランスを保って事業を継続していくこと。

▶ 売上が下がった場合の企業収益への影響

売上減

売上高	100		売上高	70
売上原価	60		売上原価	42
売上総利益	40	定率	売上総利益	28
変動費	10		変動費	7
固定費	25	定額	固定費	25
営業利益	5		営業利益	▲ 4

・売上が減少した場合、売上原価、変動費は同じ割合で下がる
・売上が減少しても、固定費は一定なので同額
・結果、売上総利益の減少に費用が追い付かず赤字になる

ポイントは
固定費が一定で
あること

たことがない事業環境を乗り切ることは容易ではないのです。

人材確保の面からも再編は選択肢に

　人口減少、そして同時に進行する高齢化は、企業にとっては人材確保という面でも大きな課題を突き付けられています。人が減るうえに高齢化していくというのは、働き手がこれまで以上に減っていくということでもあります。地方では、労働集約的で多くの人材を必要としている小売業は人材募集をしても十分には確保できない状態にあるといわれています。こうした人手不足の状況が今後さらに悪化することは避けられないため、企業活動を維持していくためには相当な工夫が必要です。こうした意味でも、これから地方経済と共に生きていかねばならない小売業の再編は避けられそうにありません。

労働集約的
人間の労働力に頼る割合が高い産業を労働集約的産業と呼ぶ。商業やサービス業などの接客を伴う産業が代表的。

Chapter1
04

SDGsを前提とした社会への移行

現在ではSDGsを前提とした企業経営が社会的な要請となりつつあります。消費者の意識も高まっている今、顧客である消費者に対して、SDGsへの対応方針について説明する必要も出てきています。

SDGsを前提とした経営が求められている

SDGs
2015年9月の国連サミットで採択。国連加盟193か国が2016年から2030年の15年間で達成するために掲げた目標。

SDGsとは、持続可能な開発目標（Sustainable Development Goals）のことです。大まかにいえば、世界人口が80億人にも到達しようとするなかで、これまでのような無計画な開発や資源の浪費を続けていけば、私たちの子や孫の時代には、有限な資源を使い尽くして、回復不能な環境破壊を引き起こす可能性があるということです。今すぐに、私たち1人ひとりの意識と行動が変わらなければ、地球環境が持続可能ではなくなるかもしれません。

世界各国が、同じような目標を掲げており、日本も持続可能な社会に向けて努力することが求められています。こうした社会的要請の下で企業活動を行うためには、資本主義的な利益追求ばかりを優先する経営姿勢を改めていかねばなりません。

SDGsへの対応方針を示すことが重要になる

容器包装リサイクル法
家庭から出るゴミの大半を占める容器包装廃棄物をリサイクルして有効利用することでゴミの削減を図っていくための法律。

小売業SDGsに関連した動きとして、レジ袋の有料化によるプラスチックごみの削減という制度変更がありました。これは容器包装リサイクル法を改正して、レジ袋の使用を法制度によって抑えていくという取り組みです。こうした持続可能社会に向けての活動に個々の企業がどのように取り組んでいくのか、その姿勢が問われています。

エシカル
Ethical（倫理的な）の意味。法的な縛りはないが、多くの人が正しいと思う規範に従って行動すること。

消費者のSDGsに対する意識は既に高まりつつあり、SDGsに対する企業の姿勢を、商品やサービスを利用するか否かの判断材料とする人が増えつつあるようです。対応を怠ったり、対応していたとしてもその姿勢が消費者に十分に伝わっていないと、消費者からの厳しい選別を受ける可能性もあります。SDGsへの取り組みは企業としての存続に大きく関わってくるのです。

▶ SDGs　17の目標

SUSTAINABLE DEVELOPMENT **G⚙ALS**

※本文の内容は、国連またはその当局者または加盟国の見解を反映したものではありません。
出典：国際連合広報センター（https://www.un.org/sustainabledevelopment/）

▶ 小売業としての取り組み例

脱プラスチック　　　脱過剰包装　　　　リサイクル　　　　脱炭素

👍 ONE POINT

SDGsへの企業の対応方針

例えば、セブン＆アイ・ホールディングスでは、SDGsの達成につながる5つの重点課題として、①高齢化、人口減少社会の社会インフラの提供、②商品や店舗を通じた安全安心の提供、③商品、原材料、エネルギーのムダのない利用、④社内外の若者、女性、高齢者の活躍支援、⑤お客様、お取引先を巻き込んだエシカルな社会づくりと資源の持続可能性向上といった目標を公表しています。

生き残りをかけた業界再編の進行

規模の利益を追求する小売業界では、再編を通じて成長してきた歴史があります。今後も市場縮小を前提とした生き残りのための再編が進み、業態を超えた大都市争奪戦なども起こり始めています。

これまでも再編で成長してきた小売業界

業態
主に小売業や外食産業の分類で、「百貨店」「コンビニ」など営業形態や店舗のタイプなどで分類するやり方。仕事の種類でくくる業種とは異なる分け方。

小売市場は今後の人口減少、高齢化の進行によって長期的な縮小に向かうことが避けられないため、業界ではこれまで以上に合従連衡的な再編が起こることになりそうです。小売業界の歴史は、これまでも再編を繰り返してきた歴史があり、また元々、合併や経営統合が起こりやすい構造を持っています。

最初は、1店舗からスタートして、少しずつ店舗数を増やしていくことができる地道なビジネスでもあるので、比較的新規参入がしやすいといえます。また、模倣もしやすいため、ある業態が成功すると似たタイプのチェーンが全国各地で一斉に展開するということがよく起こりました。そして地域ごとに有力な企業が成長してくると、ある時点で地域を超えて有力企業同士が対峙するという、いわば戦国時代のような状況になっていきます。相手を倒すまで競争を続けるというケースもありますが、多くの場合、エリア補完をメリットとして複数の企業が経営統合することで、業界の大手企業として生き残ろうとするというパターンが取られました。巨大流通大手イオン・グループはまさにそうした歴史を経ていますし、食品スーパー大手アークス、ホームセンター大手DCMホールディングス、ドラッグストア大手ココカラファインなど、有力小売大手の多くが再編によって現在の地位を確立しています。

業態を超えた大都市争奪戦も起こり始めた

小売業の場合、おおむね、企業規模が大きいほど、仕入れ条件や物流コストなどで有利になることや、優秀な人材を共有できることのメリットもあり、再編によって生き残れる可能性が高くな

▶ 小売大手の再編の例（DCMホールディンクス）

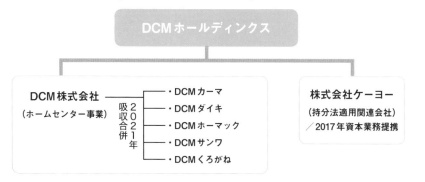

▶ ニトリ、DCM、大都市型小売島忠争奪戦のイメージ図

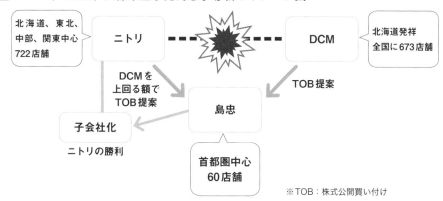

※TOB：株式公開買い付け

ると考えられています。また、過剰な価格競争などで、企業体力が失われることを避けるという意味合いもあります。

　今後の厳しい環境を生き抜いていくため、再編は今まで以上に増えていくことが予想されますが、今後のキーワードとして、業態を超えた再編、大都市マーケット争奪を目指した再編に注目すべきです。例えば、2020年末には、ホームセンター島忠を巡って、ホームセンター大手DCMホールディングスと、家具・インテリア雑貨大手ニトリが、買収合戦を繰り広げましたが、これこそ、業態を超えた大都市マーケットの争奪戦でした。市場縮小の懸念が少ない大都市圏を、地方地盤の有力企業が業態を超えた再編によって手に入れようとする動きは、今後さらに増えてくる可能性があると予想されます。

スマホ普及、5Gが開く 新たなマーケティングの時代

スマホの普及は、時間や場所にとらわれない買い物を可能にしました。これからは、5Gの普及を背景にしたIoT化が進みます。店舗はデジタル化し、ビッグデータをベースにした新たなマーケティングが可能になるのです。

スマホを常に持ち歩き、買い物もする時代に

2000年代の初頭から急速に浸透したインターネットの利用率は2010年代にはほぼピークに達し、高齢者の一部を除いてほとんどの家庭に普及しています。これに並行してパソコンの普及が進み、また光回線も全国に拡がっていることから、インターネット環境はほぼ当たり前のものになっています。

こうしたインフラを背景にして、EC（Eコマース）は急速に拡大してきていますが、本格的にECの浸透を進めたのは、スマホの普及であったといえるでしょう。アマゾンや楽天市場に代表されるECは小売における主要チャネルとして定着し、2019年の物販EC化比率は約6.8%を占めるまでに成長しています。2020年以降もコロナ禍を背景にECの存在感は増しており、EC移行の拡大はさらに加速すると考えられます。

5Gが新たなマーケティングの時代を開く

2020年3月には国内でも5Gの商用サービスがスタートしました。5Gは超高速、大容量に加えて、IoTの基盤として安定的利用が可能なインフラとなっており、今後は産業におけるIoTの本格的活用が進んでいくことになります。

小売店舗においてもさまざまなデバイスやセンサーが導入されることで、これまではアナログな空間であった店舗のデジタル化が進みます。リアル店舗における購買行動に関するデータが集積されることにより顧客理解が可能になってきます。またECにおいてもAR、VRの普及によって接客レベルの飛躍的向上が可能になってくるでしょう。並行してパーソナルデータの活用に関する匿名加工技術やセキュリティの強化が進むことで、リアルとバー

5G
第5世代移動通信システム。高速大容量、低遅延、多数同時接続という特徴を持ち、IoTの進展を一気に加速させるインフラとして期待されている。

スマホの普及
スマホはパソコンが普及しきった2010年頃から急速に浸透し、2015年頃には保有率は7割を超えた。

AR
Augmented Realityの略。「拡張現実」と訳される。現実の風景にバーチャルな視覚情報を重ねて表示することで、目の前の世界を仮想的に拡張する技術。

VR
Virtual Realityの略。「仮想現実」と訳される。現実ではない仮想空間を、ユーザーの五感を刺激することで、理工学的に作り出す技術。

スマホ経由のEC比率の推移

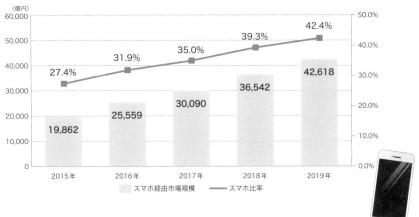

（億円）

27.4% / 31.9% / 35.0% / 39.3% / 42.4%

19,862 / 25,559 / 30,090 / 36,542 / 42,618

2015年　2016年　2017年　2018年　2019年

スマホ経由市場規模　　スマホ比率

BtoC-EC市場規模と物販系EC化率の推移

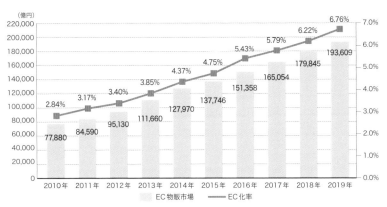

（億円）

2.84% / 3.17% / 3.40% / 3.85% / 4.37% / 4.75% / 5.43% / 5.79% / 6.22% / 6.76%

77,880 / 84,590 / 95,130 / 111,660 / 127,970 / 137,746 / 151,358 / 165,054 / 179,845 / 193,609

2010年　2011年　2012年　2013年　2014年　2015年　2016年　2017年　2018年　2019年

EC物販市場　　EC化率

出典：経済産業省「電子取引に関する市場調査」（同上）

チャルの両方から得られる、あらゆるパーソナルデータを統合したデータマーケティングが実現可能な環境が整ってくることになるのです。

　こうした環境を踏まえると、デジタル化の進展とは、ECがリアルに取って代わるという単純な構図ではなく、リアルとバーチャルが融合した新たなマーケティングの実現だということがわかります。その意味では、これまではアナログだったリアルの情報をデジタル化していくことは大きな付加価値となるはずです。店舗のデジタル化を進めていくことは、リアル小売業の生き残りを決める重要な要件になるのです。

店舗のデジタル化
店舗内にセンサーなど様々なデバイスを配置して顧客の行動をデジタルデータで把握し、匿名化された個人の属性や購買データと連携したビッグデータを構築できる新しい店舗の構想。

Chapter1
07

キャッシュレス化がもたらす劇的な変化

日本でも、コロナ禍の非接触化要請もあり、遅れていたキャッシュレス化が加速し始めています。キャッシュレス化は、購買行動をビッグデータ化する重要なインフラであり、国も本腰を入れて取り組み始めています。

● 遅れていたキャッシュレス化が進み始めた

キャッシュレス化
現金以外の電子決済手段に移行しようとする動き。クレジットカード、電子マネー、デビットカード、スマホ決済などがあるが、日本では主流はクレジットカード、最近ではスマホ決済が急速に伸びている。

遅れているといわれている日本のキャッシュレス決済比率ですが、消費税増税対策の一環として実施されたキャッシュレス還元事業を経て、2016年の20％から、2019年には26.8％まで伸びています。ただ、8割の韓国、6割の中国、4割以上の欧米に比べるとかなり見劣りする水準であり、現金志向の強さは際立っているといえます。

とはいえ、キャッシュレス還元事業やスマホ決済業者のキャンペーンによって、スマホ決済のユーザー数が大幅に増加していたところに、コロナ禍により非接触決済ニーズが拡大し、急速な浸透に向かう可能性が見えてきています。国としても、マイナポイント事業を展開するなど、マイナンバーカード登録を増やすのと並行して、キャッシュレスへのシフトに努めており、2025年には40％到達、ゆくゆくは80％を目指しているようです。

マイナポイント事業
マイナンバーカード登録を推進するため、マイナンバーカードと連携したキャッシュレス決済を可能にし、ポイントを付与することで、登録を進めようという事業。

● アナログだった購買行動のビッグデータ化が進む

キャッシュレス化の意義について、経済産業省は右図の3点を挙げています。①は、現金を持ち運ぶ必要がなく、履歴の管理が楽になり、盗難・紛失時のリスク低減になる、②は現金管理の手間が削減でき、インバウンド需要の取り込みが見込める、③は購買データを取得してマーケティングに活用できる、といったことになるでしょう。

インバウンド需要の取り込み
訪日外国人諸費を取り込むためには、海外で既に普及しているスマホ決済などキャッシュレス対応が不可欠だいわれている。

なかでも、③データの利活用は、国や小売業界にとっても最も重要な狙いです。国の目的は、個人の経済行動をデジタル化することで、正確な所得捕捉を行って、公正な税負担を求めていくことにあります。小売業界にとっては、顧客ビッグデータをマーケ

▶ キャッシュレス推進の意義・メリット

① 消費者の利便性の向上

- 手ぶらで買い物ができる
- 買い物の消費履歴の管理が簡単に
- カード紛失・盗難時の被害リスクが低い

② 店舗の効率化・売上拡大

- 現金管理の手間が削減される
- 売り上げの拡大が可能
  （インバウンド需要の取り込み）

③ データの利活用

- 高度なマーケティングやターゲット層
  向けの商品・サービスの開発が可能

出典：経済産業省

ティングに活用することが可能になります。現金はアナログなので、今までは購買履歴の8割がデータ活用できなかったということです。キャッシュレス化は、こうした消費の「暗黒大陸」を見える化してくれるのです。

📍 国もキャッシュレス化推進に本気で動き始めた

　コロナ対策で巨額の財政支出を強いられた国は、財政再建のインフラとして、マイナンバーカードを軸にデジタル化の推進に本腰を入れています。それは、デジタル化が経済活動の可視化につながり、課税回避への牽制を劇的に強化できるからで、デジタル庁の創設は、国の本気度を示しているのです。

　財政からの要請もあいまって、これからキャッシュレス化は急速に進んでいくことになります。小売業界はこうしたキャッシュレス化の本質を十分に理解し、これまで把握できなかったデータを得られることを前向きに捉え、積極的に新たなマーケティングに取り組んでいくべきでしょう。

デジタル庁
デジタル社会の形成に関する内閣の事務を内閣官房と共に助け、その行政事務を迅速かつ重点的な遂行を図ることを目的として、2021年9月に内閣に設置される行政機関。

Chapter1
08

アフターコロナにおける
インバウンド需要への期待

インバウンドマーケットはコロナ前の2019年には4兆8千億円、物販だけでも1兆6千億円に達し、国内消費を下支えしていました。コロナ禍でいったん消失しましたが、アフターコロナの復活に期待がかかります。

コロナ前には消費を下支えしていたインバウンド需要

　訪日外国人客によるインバウンド消費の経済効果は、コロナ禍前の2019年までは年々増大し、小売業界としてもかなりの恩恵にあずかっていました。特に長期的に売上が落ち込んでいた百貨店などは、大都市を中心にインバウンド消費によって支えられたといえます。

　日本百貨店協会によると2019年の年間売上におけるインバウンド向けは3,461億円で、全体の6％を占めるほどまでになっていました。同様に、大都市部のショッピングモールなどは、こぞってインバウンド対応に舵を切りました。また、訪日中国人客の化粧品、医療品の購買意欲が高いことから、そうした需要を取り込んだ大都市のドラッグストアの免税売上比率は百貨店以上でした。首都圏中心に展開するマツモトキヨシの免税売上比率は13％（2019年3月時点）に達していましたし、首都圏や大阪を地盤とするドラッグストア各社もインバウンドにより売上をあげていました。

　しかし、2020年からのコロナ禍によって、事実上、訪日外国人の入国が不可能な状況になり、2020年のインバウンド需要は消失しました。このため、インバウンドをあてにしていた小売業各社は大幅な売上減少に直面し、厳しい状況に陥ることになったのです。

アフターコロナのインバウンドに期待

　しかしながら、こうしたコロナ禍の影響は一時的なものであり、コロナの終息後すなわちアフターコロナの時代には、訪日外国人客数は元に戻るはずです。アジア各国の経済発展が続く中で訪日

免税売上
訪日外国人が購入する土産品などは消費税が免税となるため、免税売上を把握することでインバウンド需要を図ることができる。

▶ インバウンド需要（物販）の推移

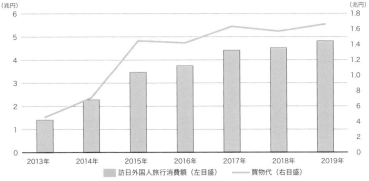

凡例: ■ 訪日外国人旅行消費額（左目盛）　── 買物代（右目盛）

※新型コロナウィルスの影響により2020年の調査は中止
出典：観光庁「訪日外国人消費動向調査」より作成

▶ 新型コロナの流行終息後に、観光旅行したい国・地域

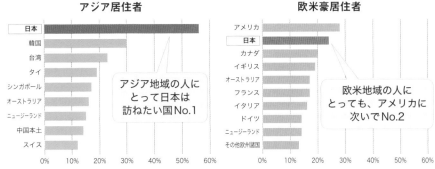

出典：DBJ・JTBF「アジア・欧米豪 訪日外国人旅行者の意向調査（2020年度 新型コロナ影響度 特別調査）」

意欲についても、これまでと大きな変化はないという調査結果が数多く出ています。コロナという制約がなくなれば、基本的にはこれまで以上に訪日してくれる外国人数は増えることは間違いないでしょう。インバウンド需要は、今後、長期的に縮小していく国内市場において、希少な成長市場であることに変わりはないのです。

　もちろん、インバウンド需要の支出配分に関しては、慎重な調査や分析が必要です。コロナ前でも、短期間に「爆買い」の波は去っていきましたし、旅行先に関しても大都市、観光名所から地方分散へと急速な傾向の変化がありました。インバウンド需要の動向変化を見逃さずにフォローし続けることは、これからも小売の課題だと思われます。

爆買い
訪日中国人が強烈な購買力を発揮した2015年に生まれた流行語。大都市部のショッピングモールなどに、中国語対応可能な販売員が大幅に増強された。

国道16号線の内側が首都圏の本丸

首都機能と地方の境 国道16号

東京一極集中とは、人口が東京およびその周辺地に集中し、その周囲、地方から人を吸い寄せるということです。具体的には、国道16号線が境目となります。これは、神奈川県横浜市西区を起点に、東京都心部を中心軸とした環状国道のことです。

この環状線から外側が、いわゆる首都圏郊外エリアであり、移動手段の中心がクルマであるロードサイド立地です。これに対して内側が首都圏中核部であり、人の移動は放射線状の鉄道網と、鉄道駅を中心とした公共交通によって構築されています。

この内側には、東京23区と多摩地区の立川以東、神奈川県では川崎市と横浜の北半分、さいたま市より南の埼玉県南部、千葉は浦安、市川といった地域が含まれます。

今後20年人が減らない 首都「本丸」

16号線の外側と内側に位置する自治体のそれぞれの人口規模、動態を比較した統計値（国立社会保障・人口問題研究所の将来人口推計2018年推計）をご覧ください（下図）。

現時点では首都圏一都三県の内と外の人口規模はほぼ同水準で、共に1,800万人内外ですが、驚くのは16号線内側エリア人口の今後の動態です。首都圏といえども今後は人口減少が進むのですが、内側だけは2045年になっても現在との比較では増加しています。首都圏の今後の人口減少とは16号線外側地域の減少であって、内側は人口減少とはほぼ無縁なのです。小売業界で「首都圏争奪戦」という事例がいくつも出てきますが、その背景はこういうことなのです。

首都圏　16号線内外の将来人口（単位：万人）

出典：人口問題研究所「平成30年推計値」より、該当自治体の予測値を集計し筆者作成

第 2 章

小売業界の基本知識

小売業の基礎的機能と現状についてまとめた章です。
基本的な仕組みや組織、チェーンストア理論などにつ
いて、そして主要プレイヤーの顔ぶれや主な業態につ
いても触れています。

Chapter2 01

小売・流通の基本的機能

生産者と消費者の間にはさまざまなギャップがあり、流通機能がそこを埋めることで、商品が消費者のもとに届きます。小売業は、流通の最終段階で、消費者の購買代行者としてさまざまな機能を発揮するべき存在です。

生産者と消費者のギャップを埋めるのが流通機能

ギャップ
生産者と消費者の間にさまざまな隔たりがあることを、業界ではギャップと称している。

ある商品が生産されてから、私たち消費者がそれを購入するまでには、一般的に、生産者⇒卸売業者⇒小売業者⇒消費者という過程があります。この一連の流れを流通と称していて、最終段階で消費者と商品の売買を行う事業者が小売業です。流通の機能とは、商品の生産者と消費者の間のギャップを解消するということです。

BtoB
Business to Business。事業者間の取引、プロ同士の取引のこと。

なかでも、卸売業はBtoBのプロ事業者であり、多様な生産者の商品を、数多い小売業者のうち誰が必要としているかを把握して、取引を成立させる重要な役割を担っています。商品の生産者が中小零細業者の集合体のような場合、卸売業の役割は不可欠です。例えば、農産物の場合、農家が生産物を消費者に直接売るのは大変なので、農協と青果卸売業者が流通機能を担っています。製造業でも家庭用雑貨などは、生産者のほとんどが中小零細工業者から成る複雑な業界構造をしており、雑貨を得意とする卸売業の流通機能があって初めて、小売業とのマッチングができるのです。

小売業は消費者の購買代行者として存在する

小売業の機能については図（P.31）の通りですが、基本的には消費者に向けて機能提供するために存在するといっていいでしょう。BtoBの場合とは異なり、消費者は一般的には商取引の素人であり、商品に関して圧倒的に情報格差があると考えられます。そこで、多数の小売業者が互いに競争しながら消費者に機能提供することで、消費者の利益が守られる環境が実現するという仕組みになっています。虚偽の情報提供や、不当な価格での販売を行

▶ 小売業の基本的役割

消費者に対する役割
さまざまな機能の提供

- **品揃え提供機能**
  顧客に対して適正な商品を品揃えする

- **在庫調整機能**
  安定した商品供給のため適正な在庫を維持する

- **価格調整機能**
  顧客に対して適正な価格で商品を提供する

- **情報提供機能**
  顧客が求める商品情報を正しく提供する

- **品質チェック機能**
  商品の品質が適正であることを消費者に代わって確認する

- **利便性提供機能**
  顧客が買物しやすくなる環境を整える

- **サービス提供機能**
  商品の購入に付随する各種サービスを提供する

- **快適性提供機能**
  顧客が快適に買物出来る環境の提供

生産者に対する役割
～消費者情報の伝達

- **生産支援機能**
  安定的な販路として生産者等の生産活動を支援する

- **流通主権者機能**
  プライベートブランド商品を生産から販売まで統括する

- **消費者情報提供機能**
  変動する消費者ニーズを生産サイドに伝えていく

地域社会に対する役割

- **暮し向上機能**
  商業活動が地域社会の向上に寄与するように努める

- **地域貢献機能**
  地域社会に貢献する活動を行う

- **雇用機会提供機能**
  地域に雇用を提供し共に生きていく存在となる

う業者は、市場原理によって淘汰されることになります。最近ではSNSなどによる消費者間での情報共有も容易になってきたことから、消費者の情報不足は徐々に解消しつつあります。消費者にとっての環境は、ネット普及以前よりかなり改善されたといえます。

Chapter2 02

基本的構造である商流と物流

小売の機能は商流、物流から構成されています。商流は情報的機能なので、ITとの相性がいいのですが、モノの移動を伴う物流はそうはいきません。配送のロボット化などの技術革新までは、労働集約的作業は残るのです。

小売の機能は商流と物流に大別される

小売業の機能は大まかに商流と物流に大別されています。図（P.33）の上半分の消費者への情報の提供、売買取引、資金決済、所有権移転等の機能が商流です。そして図の下半分のモノである商品を生産者から消費者に渡す、移動の期間中に保管するという機能が物流です。

一般的な店舗小売業では、商物一致といってこの2つの流れは並行的に進行していきますが、商物分離といって必ずしも一致しないケースもあります。最近のECはその典型でしょう。例えば、Amazon（マーケットプレイス）や楽天、Yahoo!ショッピングといったECポータルサイトで買い物をしても、商品を発送してくるのは全国各地の出品者です。ネットインフラが整った今、商流はネット上で完結することも可能です。商品情報については、実物を試す必要がある場合は、まだ十分とはいえませんが、リピート購入などの場合は、ネット購入で充分です。商流はIT化と極めて相性がいいのです。

IT化可能な商流、ITだけでは解決できない物流課題

ところが、物流はモノという実体的な存在が主役のため、そうはいきません。

コロナ禍となって、非接触のEC需要が急速に拡大したため、宅配業者の配達員の姿を多く見かけるようになりました。商流は簡単にバーチャル移行可能なのですが、物流は、倉庫内の完全自動化や配送のロボット化などが実用化に至っていない現在においては、まだ労働集約的な人海戦術で対応するしかないからです。ECがリアル店舗を圧倒しつつある、といわれる現在では、消費

▶ 流通の基本的機能〜生産者と消費者のギャップの解消

 会社 商 流 店舗 SHOP

生産者

消費者

取引機能
所有権のギャップと価値のギャップを解決する取引を担う

・所有権のギャップ：作る側と買う側が異なるので所有権を移転する必要がある
・価値のギャップ：作る側と買う側で商品価値の認識が違う

情報機能
メーカーと消費者相互の情報仲介を行う

・品揃えのギャップ：消費者の欲しいものとメーカーの売りたいものが違う
・情報のギャップ：消費者に商品情報を伝える必要がある

物流機能
メーカーと消費者の間で商品の移動を担う

・空間のギャップ：メーカーから消費者まで商品を移動させる必要がある

保管機能
メーカーから消費者に至るまでの時間、商品を保管する

・時間のギャップ：メーカーから消費者まで商品を届けるには時間差がある

物 流

者が物流業者や配送従事者に負荷を押し付けているという側面が
あります。

業種別、業態別に見る
小売業界の市場規模

小売の市場規模は2020年で118兆円となっています。業態別ではドラッグストアの成長が続き、百貨店は長期にわたり減少傾向です。成長を維持してきたコンビニはコロナの影響で初の減少に沈みました。

2020年の小売市場は118兆円規模

　経済産業省の「商業動態統計」によれば、2020年の小売市場規模（自動車、燃料を除く）は118兆円弱で、近年は微増傾向を維持しています。同省の業種分類で見る内訳は図（P.35上）の通りです。大まかにいえば、食品関連の取引が4割程度と圧倒的に多く、次いで医療品・化粧品が1割強を占めていることがわかります。また、コロナ禍の2020年にはネット通販が大幅に伸びて、無店舗販売が存在感を増し、百貨店と総合スーパーの合算（≒各種商品小売業）を超えるまでになりました。

成長を続けるドラッグストア、厳しい百貨店

　経済産業省の「商業動態統計」には、もう少しイメージしやすい業態別の統計もあります（図P.35下）。これで見ると、コロナ禍でスーパーマーケットと無店舗販売、ドラッグストア、家電量販店、ホームセンターは伸びましたが、百貨店、コンビニエンスストアは縮小しています。

　伸びた業態は、いわゆる巣ごもり需要による特殊な伸びもあるとはいえ、スーパーマーケットやホームセンターは昨年までは減少傾向でした。かつて小売業界の王者で10兆円を超えていたこともある百貨店ですが、近年は減少傾向が続き、下支えとなっていたインバウンド需要がコロナで消失したこともあり、大幅な減収に沈みました。また、これまで拡大を続けてきたコンビニエンスストアが初めての減少に落ち込み、大きな話題となりました。出店余地が狭まっている上に、加盟店オーナーとの24時間営業、自社競合、商品廃棄等を巡ってのコンビニ争議なども発生したことで、新規出店のスピードを落としていました。そこにコロナ禍

無店舗販売
店舗を使わずに販売する、通信販売業、訪問販売業などの総称。

コンビニ争議
コンビニエンスストアは、主にチェーン本部と加盟店が契約を結んで本部が商品供給やインフラ供給、加盟店が販売を担当する組織。コンビニ本部は24時間営業を一律ルールとしていたり、既存店の近隣に新店を出店したり、売れ残り商品の費用負担などを巡って、一部加盟店と調整ができず争議となった。公正取引委員会もこれを問題視し、コンビニ本部は対応を柔軟化させた経緯がある。

▶ 小売業業種別構成比率（2020年）

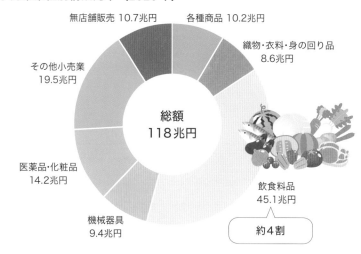

無店舗販売 10.7兆円

各種商品 10.2兆円

織物・衣料・身の回り品
8.6兆円

その他小売業
19.5兆円

総額
118兆円

医薬品・化粧品
14.2兆円

機械器具
9.4兆円

飲食料品
45.1兆円

約4割

▶ 業態別市場規模推移

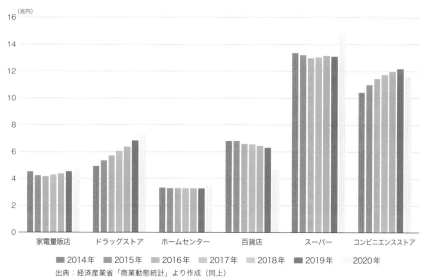

(兆円)

■ 2014年　■ 2015年　■ 2016年　■ 2017年　■ 2018年　■ 2019年　■ 2020年

出典：経済産業省「商業動態統計」より作成（同上）

でのテレワークシフトなどによる都心部の昼間人口減少が加わり、
ついに拡大がストップしました。今後も着実な拡大が見込まれる
のはドラッグストアで、郊外を中心に店舗が増えているうえに、
医薬品、化粧品以外に食品需要を取り込んで、消費者の支持を得
ているようです。

Chapter2 04

日本の小売業を担う組織の変遷

高度成長期以降、セルフサービスと多店舗展開で低価格を実現したチェーンストアは、個人商店のシェアを奪って急成長しました。さまざまな専門店チェーンも出揃い、チェーンストアは小売の主流となりました。

個人商店のシェアを奪って成長したチェーンストア

今、小売業を牽引しているのは、チェーンストアであり、イオンやセブン＆アイをはじめとする業界の名だたる企業のほとんどが、多店舗展開することで規模を拡大してきました。しかし、高度成長期前の日本ではスーパーマーケット（以下、スーパー）が出現するまでは、百貨店と、個人商店またはその集積である商店街しかありませんでした。

1950年代頃に、米国生まれのチェーンストア理論を導入したスーパーが発祥して、高度成長期には旺盛な消費意欲を背景に成長を始めます。セルフサービスでコストを削減し、薄利多売で商店街のシェアを奪うことに成功したスーパーは、その利益で次々に同様の店舗を増やすことでさらに成長していきました。

チェーンストアは規模の利益を追求する仕組みであり、規模を拡大してその仕入れ規模を背景にして、さらに有利な条件で仕入れを行うことで、ますます価格競争力をつけていきました。そのため、店舗数を増やせば競争力が増すというという好循環を生み出すことに成功した企業は、次々と出店して個人商店のシェアを奪って成長しました。町のトップシェアを取り、地域のトップシェアを取り、ついには全国展開するといった拡大路線で、1970年代にはダイエー、西友、イトーヨーカドーといった全国展開する大企業が生まれました。

チェーンストアが主流の時代になった

さまざまな商品を薄利多売して成長したスーパーに圧迫された零細な商店の中には、自らもチェーンストアに転換して対抗しようとするものも現れます。食料品店から転換した食品スーパー、

セルフサービス
顧客が直接商品を手にとって選び、レジで一括して代金を支払う販売形態。

▶ チェーンストア拡大のイメージ図

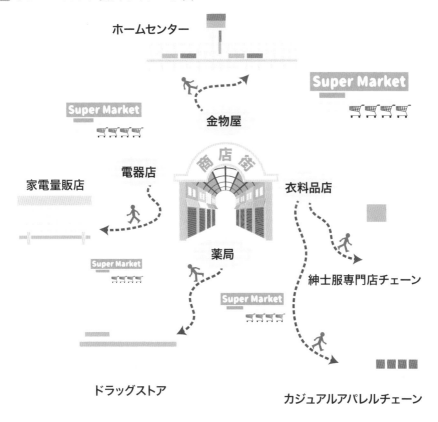

薬局に化粧品、日用雑貨を併せたドラッグストア、紳士服の廉価販売に特化した紳士服専門店チェーンなどの専門店チェーンが現れました。米国にあったDIY特化型のホームセンターを模倣して、スーパーの商品から外れた荒物、金物などの家庭用雑貨などを集めたのが、初期のホームセンターともいわれています。

　各種専門店がブレイクする時期はまちまちではありましたが、50年ほどの歴史を経てその地位を確立してきました。経済産業省の「商業統計」によれば、2016年時点では、日本の小売販売額の過半はセルフサービス型企業が占めるようになっていました。

荒物
ほうき、ちりとり、ざる、など簡単なつくりの家庭用品。

金物
鍋、包丁、さじ、などの金属製家庭用品。

Chapter2 05

イオンとセブンが2大流通グループを形成

日本の主要小売業のランキング

日本の小売業界ではイオン、セブンの2大流通グループが圧倒的存在感を持っています。今や専門店チェーンやEC企業が上位に名を連ねるようになり、かつての王者、百貨店や総合スーパーの影は薄くなっています。

ディベロッパー
土地や街を開発することを主業とする不動産会社で、本項では大規模商業施設を開発、運営するイオンモールのような会社を指している。

フランチャイズ契約
本部が加盟店に対して商標、商号の使用権、商品・サービスの販売権、それに伴う経営ノウハウの指導、教育などを提供して、対価として加盟店から加盟金やロイヤルティなどを得る仕組みを定めた契約。コンビニエンスストアや外食産業などに多いシステム。

チェーン全店売上

圧倒的な2大流通グループ、イオンとセブン

　日本の小売業売上ランキングは図（P.39）の通りです。売上トップは8.6兆円のイオン、次いで6.6兆円のセブン＆アイ・ホールディングスです。両社は国内2大流通グループといわれており、3位以下を大きく引き離しています。

　この2社は複数の業態から構成された総合流通業というべき存在ですが、その内訳は両社の特徴を表しているといえます。グラフ（P.39）を見ると、イオンは総合スーパーや食品スーパー、さらにショッピングモール運営の**ディベロッパー**事業が主力だとわかりますが、これは地方で総合スーパーを核とした大型モール、食品スーパーを核とした中小モールを運営するイオンの特徴を反映しています。対するセブン＆アイ・ホールディングスは、国内外のコンビニ事業が圧倒的に大きく、セブン-イレブンがグループを牽引していることがわかります。

　ちなみに、コンビニエンスストアは**フランチャイズ契約**による出店がほとんどを占めるため、加盟店からのロイヤルティなどの収入を売上としていて、加盟店での売上は計算に入っていません。加盟店での売上を含めた**チェーン全店売上**では、セブン-イレブンは5兆円ですので、この点を加味すれば、セブン＆アイはセブン-イレブンに依存した構成であるともいえます。また、チェーン全店ベースで考えれば、小売業の売上トップはセブン＆アイであるという見方もできると思います。

存在感を増す大手専門店チェーン

　3位にEC世界トップのアマゾン、4位は、ユニクロ、GUでおなじみファーストリテイリング、5位はドン・キホーテでおなじ

▶ 小売業売上ランキング（2020年）

NO.	企業名	売上高（億円）	業種
1	イオン	86,042	総合流通
2	セブン＆アイHD	66,444	総合流通
3	アマゾン・ジャパン	21,893	EC
4	ファーストリテイリング	20,088	カジュアルアパレル
5	パン・パシフィック・インターナショナルHD	16,819	ディスカウントストア
6	ヤマダ電機	16,115	家電量販店
7	三越伊勢丹HD	11,192	百貨店
8	高島屋	9,191	百貨店
9	エイチ・ツー・オーリテイリング	8,973	百貨店
10	ビックカメラ	8,479	家電量販店

出典：各社IR資料

▶ イオンとセブンの事業構成

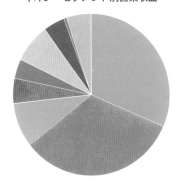

イオン　セグメント別営業収益

セブン＆アイ　セグメント別営業収益

■総合スーパー　■食品スーパー　■ヘルス＆ウェルネス
■総合金融　■ディベロッパー　■サービス・専門店
■国際　■その他　■調整額

■コンビニエンスストア　■海外コンビニエンスストア
■スーパーストア　■百貨店　■金融関連
■専門店　■その他　■消去及び全社

出典：各社HP（2020年2月時点）

みのパン・パシフィック・インターナショナルHDが続きます。

　ただし、前述のチェーン全店売上ベースで見れば、ファミリーマート3兆円、ローソン2.8兆円と公表されていますので、チェーンとしての規模で考えれば、ファミリーマートが小売ランキングの3位相当、ローソンが4位に相当するチェーンであるという見方もできるでしょう。

Chapter2
06

チェーンストアの普及とその限界

小売業界の主流となったチェーンストアですが、成長のフロンティアを失いつつあります。チェーンストア同士の競争局面となっている今、チェーンストアとしてのインフラ強化と差別化戦略が求められています。

普及によって失われたフロンティア

戦後、米国から導入され、高度成長期以降、普及したチェーンストアは小売業の主流となりました。チェーンストアは、セルフサービスで人件費コストを抑えた運営によって低価格を実現しました。さらには多店舗展開することで規模の利益を拡大して、仕入れ条件を改善し、得られた利潤を再投資しつつ、より一層の規模の拡大を目指すというビジネスモデルです。

こうしたモデルが最も競争力を発揮するのは、経済規模が成長していて消費意欲が旺盛なとき、もしくは、規模の利益を追求できない個人商店等のシェアが残っているときです。高度成長期の日本はその両方の条件が揃っていましたので、チェーンストアに多くの企業が参入しても成長することができました。

しかし、1990年代以降、日本の経済が停滞期に入ると消費意欲が低迷し、その環境には陰りが生まれてきます。加えて、チェーンストアに圧されて商店街などが衰退していくと、チェーンストアにとってのフロンティア（未開拓地）は徐々になくなっていきます。事実上、チェーンストア同士の競争となっている今では、より優れたチェーンが、そうでないチェーンを淘汰するという時代になったということです。

規模の利益
規模の拡大によって経済性が向上するという用語。チェーンストア理論は、小売業で規模の利益を追求するための理論。

チェーンストア同士の生き残り競争の時代に

2000年代以降は、チェーンストアの中でも実力差が明確になってきているのですが、その差別化の最大のキーワードは、POS（販売時点情報管理）を軸とした「IT」です。POSとは、商品につけた2次元バーコードを販売時に読み取ることで、商品の動きを単品単位で把握し、販売、在庫、仕入れ、物流などのサプライ

▶ IT化により武装したチェーン店

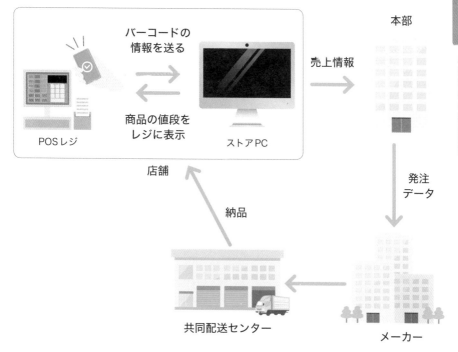

「売れ筋だから仕入れを増やす」、「売れ残り商品が何でどの店にどの
くらい在庫がたまっているか」、「売れ行きがよくなっているからこれ
から売れる」といった情報をリアルタイムで見ることができる。

チェーン全体を管理することができるシステムです。こうした仕
組みを備えているか否かによって、チェーンストアの競争力に大
きな差がつきました。セブン-イレブンなどの大手コンビニや、
ユニクロ、ニトリなどは早くからこうしたITを活用した戦略を
展開して、競争相手を圧倒して今の地位を確立したのです。今で
もチェーンストアは有効な仕組みに違いありませんが、その理論
に忠実なだけでは何の優位性もない、というのが現状です。チェ
ーンとして、どれだけ差別化された戦略や強力なインフラを持っ
ているかの競争になっているのです。

小売業を牽引する業態の推移

70年代、小売の王者百貨店に取って代った総合スーパーは90年代の消費低迷、金融危機等を経て、その力を失っていきます。その頃、多彩な専門店チェーンが台頭し、総合スーパーのシェアを奪っていったのです。

百貨店から覇権を奪った総合スーパー

業界売上ランキングの変遷を見ていくと、時代ごとの流行りの業態が見えてきます。スーパーがまだ成長し始めたばかりの1960年の売上トップ10は、見事に百貨店ランキングとイコールの結果となっています。この時代はチェーンストアがまだ上位に顔を見せていない時代ですので、百貨店が圧倒的な存在感を持っていたことがよくわかります。

変わって2000年のランキングでは、90年代が総合スーパーの時代であったことを如実に表しています。百貨店は既にこの時点で大手スーパーの後塵を拝するようになっています。ただ、10位以下にコジマ、ヤマダ電機の顔が見えているように専門店チェーンである家電量販店の台頭がうかがえます。

2大流通グループと専門店チェーンの時代

2000年と2020年を比較してみると、さらに大きくその顔ぶれが変動していることがわかります。業界を牽引するのは、総合スーパーから発展して2大流通グループとなったイオンとセブン＆アイです。総合スーパーとして生き残ったというより、それぞれイオンモール、コンビニという別の形で事業の軸を確立できたということでしょう。

2000年には14位、15位に家電量販店が顔を出しているだけの専門店は、2020年には、4位のファーストリテイリングを筆頭に9社に増えているのがわかります。コンビニ各社のチェーン全店売上を加味して集計すればベスト10に入るのは三越伊勢丹HD1社だけになってしまうのも、百貨店全盛時代を知る人からすれば隔世の感があるかもしれません。また、1960年、2000年

三越伊勢丹HD
百貨店企業三越と伊勢丹が経営統合して誕生した百貨店業界最大手の持株会社。

▶ 小売業売上ランキングの変遷

1960年

NO.	企業名
1	大丸
2	三越
3	高島屋
4	松坂屋
5	東横百貨店
6	伊勢丹
7	阪急百貨店
8	西武百貨店
9	そごう
10	松屋

すべて百貨店

2000年

NO.	企業名	売上高（億円）	業種	発祥地
1	ダイエー	16,298	総合スーパー	大阪
2	イトーヨーカ堂	14,908	総合スーパー	東京
3	ジャスコ	13,129	総合スーパー	三重
4	高島屋	11,607	百貨店	大阪
5	マイカル	10,348	総合スーパー	大阪
6	三越	9,572	百貨店	東京
7	西友	8,418	総合スーパー	東京
8	大丸	7,849	百貨店	大阪
9	ユニー	7,481	総合スーパー	愛知
10	西武百貨店	5,761	百貨店	東京
11	伊勢丹	5,731	百貨店	東京
12	丸井	5,218	百貨店	東京
13	東急百貨店	5,060	百貨店	東京
14	コジマ	4,271	家電量販店	栃木
15	ヤマダ電機	3,322	家電量販店	群馬

2020年

NO.	企業名	売上高（億円）	業種	発祥地
1	イオン	86,042	総合流通	三重
2	セブン＆アイHD	66,444	総合流通	東京
3	アマゾン・ジャパン	21,893	EC	米国
4	ファーストリテイリング	20,088	カジュアルアパレル	山口
5	パン・パシフィック・インターナショナルHD	16,819	ディスカウントストア	東京
6	ヤマダ電機	16,115	家電量販店	群馬
7	三越伊勢丹HD	11,192	百貨店	東京
8	高島屋	9,191	百貨店	大阪
9	エイチ・ツー・オーリテイリング	8,973	百貨店	大阪
10	ビックカメラ	8,479	家電量販店	東京
11	ツルハHD	8,410	ドラッグストア	北海道
12	イズミ	7,443	総合スーパー	広島
13	エディオン	7,336	家電量販店	愛知
14	ローソン	7,302	コンビニエンスストア	大阪
15	ライフコーポレーション	7,147	食品スーパー	大阪

出典：各社IR資料、『日本スーパー名鑑'02』より筆者作成

ともに、上位企業の発祥地は3大都市圏がほとんどでしたが、2020年にはさまざまな地方出身企業が有力企業となっていることにも注目すべきです。専門店チェーンは、モータリゼーションを背景にクルマ社会となった地方のロードサイドを勝ち抜いて大きく成長してきたのですが、そうした傾向もランキングから伺い知ることができるのです。

Chapter2 08

チェーンストアを支える ITインフラのイノベーション

POSによる商品管理が当たり前となった小売業界で、今後、重要になってくるのは誰が買ったのか、という個人認識を付け加えたID-POSの活用です。マーケティングが劇的に変化する過渡期にあるのです。

POSによる商品管理はチェーンストアの基本

ITの進展に伴って、チェーンストアを支えるインフラは進化してきました。セクション06（P.40）で説明したようにPOSが小売業の一般的な情報インフラとなっており、今では、商品単品ベースでの状況把握はチェーンストアの基本となっています。多店舗を広域に展開するチェーンストアにとって、多数の店舗や倉庫に散在する大量多品種の商品を瞬時に管理するためには、ITインフラが不可欠です。

日々、大量の商品を仕入れて、倉庫、店舗へ配送し、販売していくチェーンストアにおいて、不良在庫を抱えずに効率よく商品を販売していくことが経営の核となってきます。全国展開など、広域に店舗展開する小売業にとっては、POSを軸とするITインフラは今や不可欠な仕組みとして普及したのです。

マーケティングの主語がモノからひとに変わる

そして、今、POSという商品管理の仕組みに加えて、購買者の情報を加えたID-POSという仕組みを構築する動きが広がりつつあります。これにより、モノの売れ筋は何かだけではなく、誰が買っているかがわかるようになるため、データベースを活用したマーケティングの精度が飛躍的に向上することになります。

購買者の認識が可能になるのは、スマホアプリやキャッシュレス決済等を経由した購買行動がデータとして取得可能になってきたという背景によるものです。買物の際にアプリを通じてポイントを付与する店が最近増えているのもこうした背景によるものです。さらにいえば、アプリやキャッシュレス決済で個人認識に使っているIDは、複数の企業間が連携して統合することができま

ID-POS

商品の動きを把握するためのPOSシステムに、購入者のID（個人認識番号）を付加した仕組み。IDとしては、小売業がポイントカードやハウスクレジットカードなどで使うIDもあるが、キャッシュレス決済手段で把握された個人認識と連携して把握することも可能になってきている。

▶ ITインフラの概要イメージ図

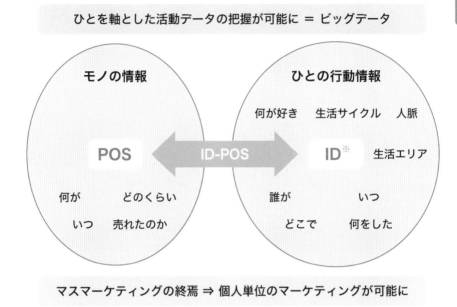

ひとを軸とした活動データの把握が可能に ＝ ビッグデータ

モノの情報

POS ← ID-POS →

何が　どのくらい
いつ　売れたのか

ひとの行動情報

何が好き　生活サイクル　人脈

ID※　生活エリア

誰が　　いつ
どこで　何をした

マスマーケティングの終焉 ⇒ 個人単位のマーケティングが可能に

※ID：キャッシュレス決済 ID、プラットフォーマー ID（アマゾンID、楽天ID、Yahoo!IDなど）、SNS ID（LINE ID、Facebook IDなど）

すから、もし、消費者と接点を持っているすべての企業がIDと保有ビッグデータを統合すれば、消費者の生活のほとんどをうかがい知ることも理論的には可能なのです。

こうしたビッグデータインフラの環境整備が整えば、小売業と消費者との接点は劇的に変化し、そのうち、消費者が必要としているものだけを、必要とするときに提供できる（≒不良在庫の極小化が可能）といった未来まで想像することができるはずです。今は、そのためのインフラ整備の時期となっており、未来のビッグデータインフラの中で自社がどのようなポジションを確保すべきか、模索する過渡期にあるのです。

チェーンストアを支える物流機能

多店舗展開するチェーンストアにとって物流システムは基本インフラであり、物流センターを介した効率的なモノの流れが重要です。そしてシステムを支えるのはITであり、この巧拙は競争力の源泉となります。

チェーンストアに必須の物流システム

小売業にとって、商流と物流は車の両輪であり、効率的な物流を構築することは重要な経営課題となっています。特に、多数の仕入先から大量の商品を仕入れ、複数の店舗に供給することを基本とするチェーンストアにとっては物流センターを活用することが不可欠になっています。数多い仕入先から直接、複数の店舗に配送すると仮定すると、各店舗には仕入先の数だけ配送便が到着することになり、店舗は受入作業に忙殺され、人手がいくらあっても足りなくなってしまいます。そこで、各仕入先からは配送品を一括で物流センターに納入してもらい、センターで各店舗別に積み替えます。こうして店舗への配送をまとめて届けることで、店舗の作業負担を減らすのが一般的です。

センターの代表的なタイプとしては、通過型センター（TC）、在庫型センター（DC）、プロセスセンター（PC）の3類型があり、商品の性質や戦略によって使い分けられています。

物流システムを支えるのもIT

物流センターは、従来店舗で行っていた作業の一部をセンターに集中させ、効率化するための施設です。センターを保有することで、店舗の作業量を軽減し、チェーン全体としてのコストを低減するためには、可能な限りセンターの機能を高める必要があります。経由地を経ることは時間的なロスを伴うため、ITシステムによって受発注データなどをサプライチェーン全体で効率的に共有できる仕組みで解消します。自社だけではなく、卸売業やメーカーとの情報のやり取りが可能なITインフラの構築は、ここでも重要な要件となっているのです。

通過型センター（TC）
配送便のサイクルに合わせて納入された商品を、その日のうちに店舗別に仕分けて配送する。

在庫型センター（DC）
常に一定の在庫を保有し、店舗からの発注に即対応して店舗別の供給を可能にしているタイプ。

プロセスセンター（PC）
主に生鮮品などのパック詰めやバーコード貼りなどの流通加工を行って、店舗作業を軽減する。

▶ 物流基本構造

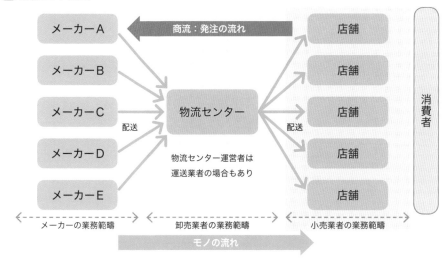

▶ 物流センター3類型

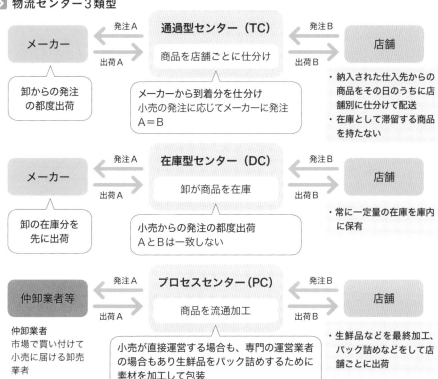

Chapter2
10

5フォース分析が導く
業界再編の可能性

小売の競争環境を、「ポーターの5フォース」から分析すると、いずれのステークホルダーとの関係も厳しい競争環境という結論になります。同業、異業種入り乱れた再編の可能性が感じられます。

5フォース
「競争の戦略」で知られるポーター氏が提唱する外部環境を分析するために用いるフレームワークで、競争に関わる外部関係者との関係を基に現状把握を行うためのツールとして有名。

ステークホルダー
利害関係者。ここでは5フォースに関連する5つの関係者を指す。

買い手、売り手の交渉力からみる小売の競争要因

「競争の戦略」で知られるマイケル・ポーターの5フォース分析のテンプレートを使って、小売業の競争要因の現状について整理しておきましょう。「買い手の交渉力」「売り手の交渉力」「業界内の競争」「新規参入の脅威」「代替品の脅威」の5つの競争要因から業界の競争環境を認識する手法ですが、ここでは今の小売業界の主流である店舗型小売チェーンストアを主語において整理してみます。

「買い手の交渉力」は小売でいえば消費者との関係ですが、既に需要が伸び悩むなかで、今後の人口減少、高齢化の進行が始まっている環境ですので、買い手の交渉力はすでに強く、今後の市場環境を考えれば、収益は縮小する傾向と考えるべきでしょう。

「売り手の交渉力」は仕入先との関係ということですが、右肩下がり経済を前提とすれば供給過多の環境が前提となります。また、流通経路におけるチェーンストアの存在感が大きいことを考えれば、売り手の交渉力はやや低下傾向と考えていいでしょう。ただ、業種によってメーカーや卸売業の寡占度が異なっており、その点を加味して見ていく必要はあります。また、海外依存度の高い食品などに関しては、コンビニ業界でのローソン、ファミリーマートの子会社化に見えるように、海外からの食糧調達を担う大手商社が影響力を強めつつあることも留意すべきでしょう。

業界内の競争、新規参入・代替品の脅威からみる小売の競争要因

「業界内の競争」という点では、チェーンストアが中小零細商店のシェアを奪って成長していける余地は乏しくなり、チェーンストア同士の生き残り競争の環境が厳しさを増しています。市場

▶ 小売業の5フォース分析

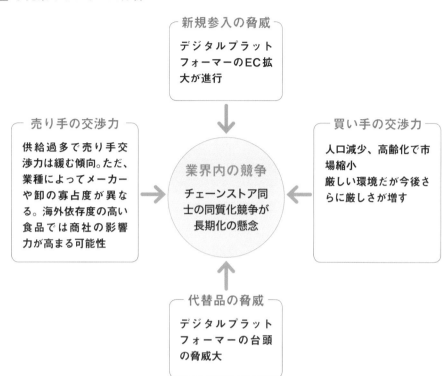

新規参入の脅威
デジタルプラットフォーマーのEC拡大が進行

売り手の交渉力
供給過多で売り手交渉力は緩む傾向。ただ、業種によってメーカーや卸の寡占度が異なる。海外依存度の高い食品では商社の影響力が高まる可能性

業界内の競争
チェーンストア同士の同質化競争が長期化の懸念

買い手の交渉力
人口減少、高齢化で市場縮小
厳しい環境だが今後さらに厳しさが増す

代替品の脅威
デジタルプラットフォーマーの台頭の脅威大

縮小を前提にした同質化競争であるため、勝ち抜くことは容易ではなく、熾烈な長期戦を覚悟せざるを得ないでしょう。

「新規参入の脅威」「代替品の脅威」は、デジタルインフラの整備を背景にしたECの台頭があたるでしょう。**デジタルプラットフォーマー**が作り出したバーチャルな立地は、ECによる小売への参入を容易にしました。また、直接的に小売業に参入するというだけではなく、苦境にある小売業界を支配下におこうとする新規参入者も出始めています。ECプラットフォーマー、大手携帯キャリアなどのデジタルプラットフォーマーや、巨大な食品供給を握る大手商社による小売業への資本的支配が進む可能性は高いと考えられます。

同質化競争
競争相手が差別化する戦略をとった場合に、それと同じ戦略をとって差別化を無効にする戦略。同じことをするため、体力がある企業が有利になる。

デジタルプラットフォーマー
ICTやデータを活用して第三者に取引の場を提供するデジタルプラットフォームを提供、運営する事業者。代表的企業としてGAFA（Google、Apple、Facebook、Amazon）など。

日本の大手小売経営者を輩出した渥美門下生

チェーンストア理論に
伝道師あり

　チェーンストア理論はアメリカで確立され、日本に持ち込まれると一気に日本の商業界を席巻しました。この理論の普及には渥美俊一という伝道師がいます。渥美氏は元々、読売新聞社記者でしたが、日本の豊かさを引き上げるためには、製造業に比べて立ち遅れていた流通業の近代化が必要だという信念をもって、米国チェーンストア理論を日本で実践する運動を興したのです。

　チェーンストア研究団体であるペガサスクラブを設立し、多くの小売業経営者が参加するのですが、その後の日本の小売業の歴史は、このペガサスクラブの参加者によって作られていくことになるほど、大きな影響を与えました。有名な参加メンバーを以下に挙げておきます。

小売大手の多くが
ペガサス出身者

　ダイエーの中内氏、イトーヨーカ堂の伊藤氏、ジャスコ（現イオン）の岡田氏、ユニーの西川氏等、創成期の大手スーパーの経営者は皆このペガサスクラブ会員であり、他にも現在の小売業大手メンバーが多く参加していました。

　西友、ライフコーポレーション、マルエツ、ベイシア、イズミといったスーパー業界、専門店業界の上新電機、ベスト電器、ビックカメラ、マツモトキヨシ、しまむら、大創産業、DCMの各社、コメリといった企業もそのメンバーでした。

　そして一番最後のグループとして参加していたのがニトリ創業者の似鳥氏で、渥美先生門下の落第生だと自伝で書いているのも有名です。

　また、外食チェーンにおいてもその影響は大きく、加盟企業としては、サイゼリヤ、すかいらーく、吉野家、ジョナサンといった企業があります。

　渥美氏とその弟子筋の経営者たちが、チェーンストア理論を各地で実践し成長させたことで、チェーン小売（外食）業界は巨大な産業へと成長したのです。

第 3 章

主な職種と仕事内容

小売業にはさまざまな種類の仕事があり、部署によって一見まったく違った内容のようにみえますが、その目的は顧客に対して必要な商品を必要なときに届けて満足してもらうということで一致しています。

Chapter3 01

トップダウンが基本
チェーンストアの組織構成

小売業の主流であるチェーンストアは、戦略決定する本部と実行する店舗に
よって構成されています。顧客満足を実現するためには、現場の声を柔軟に
取り入れて変化していく姿勢が必要です。

チェーンストア理論に基づいた組織構成が一般的

　主要小売企業の多くは、多店舗を展開することで、事業規模、収益を拡大するというチェーンストア方式によって成長してきました。チェーンストアは軍の兵站組織を模した組織であるため、基本的には上意下達トップダウンの構造となっています。

　本部には、全体戦略を決定する経営陣の下に、どのような商品を売るのか、どのような店づくりをするか、どこに店舗を出店し、どの店を閉店するか、物流をどのように構築するかなどの施策を決定する部署が置かれています。店舗は基本的にはチェーン本部の決定した施策に基づいて、店舗を運営するのが業務であり、現場の従業員は本部の定めたマニュアルに従って施策を実行します。

　チェーンストアでは、同じタイプの店舗を大量に出店して、同じ運営方法で店舗運営することが、大量販売するためには効率的なので、こうした組織がベースとなっています。

現場の声を反映するチェーン組織を目指す

　マーケットの主流となったチェーンストア方式ですが、運営にあたっては少しずつ修正が必要になっています。商圏内の消費者は店舗ごとに消費傾向が異なり、その要求に対応した品ぞろえやサービスを整える必要があります。顧客の求める売場を作るためには、店舗スタッフによる情報収集と本部の方針を修正する権限が必要です。組織の上層に従って仕事をするだけではなく、お金を払って買ってくれる顧客が何を求めているかに最大の関心を払う人材が必要です。

　顧客満足に向けてアンテナを張り、本部に対してさまざまな改善提案を行って、現場を修正していくという企業体質でなければ、

チェーンストア方式
経営戦略を判断、決定するチェーン本部と、指揮命令に従って施策を実行する店舗網で構成される。

兵站（へいたん）
軍事行動を行うためには、兵員や食料、軍需物資などを滞りなく前線に届けられる体制が必要であり、その仕組みを兵站と呼ぶ。多店舗に人を配置し、商品を供給する体制が必要なチェーンストアはこの仕組みを模してチェーンストア理論に取り入れている。

▶ チェーンストアの代表的な組織図

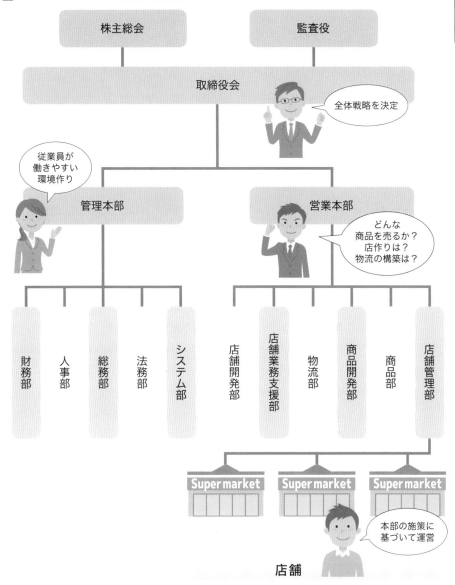

移り気な消費者の評価を得、売上を維持することはできません。
そして、このような現場の声を積極的に吸収して組織を改変して
いくことが、経営者に課せられた使命であると言っても過言では
ありません。

Chapter3 02

マネジメントの3階層（トップ・ミドル・ローワー）

小売業の組織は、トップ、ミドル、ローワーの3階層のマネジメントが役割分担して運営しています。共通して求められるのは、配下に対する正当、公正な評価であり、これなくして組織は動きません。

組織を動かすマネジメント3階層

小売業に限らず、企業が活動を行う場合には、一般的に組織が発展するための目標を定め、定めた目標に沿って組織を運営することが必要であり、ドラッカーはそれをマネジメントと言っています。マネジメントとしての業務は、具体的には組織の目標達成に向けて、仕事の進捗を管理することといっていいでしょう。マネジメントは大きく分けると、トップマネジメント（経営層）、ミドルマネジメント（中級管理職）、ローワーマネジメント（下級管理職）の3つの階層に分類されます。

ドラッカー
経営学の大家ピーター・ドラッカーは、企業は人の組織であり、組織に成果をあげさせるための道具、機能、機関を「マネジメント」と呼んでいる。マネジメントを実行する人であるマネジャーの役割について言及し、組織のあり方について重要な示唆を残している。

経営層、中級管理職、現場管理職の役割

トップマネジメントは経営層であり、いわゆるCEO、社長、役員などです。企業の将来ビジョンに基づいて、経営目標を定めて、その達成のための具体的な戦略を決定し、その達成に責任を負っている存在です。

ミドルマネジメントは中級管理職であり、企業の部門やセクションの目標達成を管理する立場で、本部長、工場長、支店長、部長などがそれにあたります。ミドルマネジメントはトップマネジメントの業務をサポートしつつ、配下の組織が着実に目標達成に向けて進捗しているかを管理するのが仕事です。

ローワーマネジメントは、ミドルマネジメントから指示された目標に従って、現場の従業員が正しく働けているかを管理し、その進捗を確認する役目です。問題が起きた場合は、上層に報告、相談して速やかに問題解決に努めることが求められます。

各階層のマネジャーには、①判断力、②コミュニケーション力、③管理能力、④分析力が求められます。

▶ マネジメント3階層イメージ

経営層	トップマネジメント	【戦略】将来ビジョン・経営方針
社長・役員		経営目標、具体的戦略・達成責任

中間管理層	ミドルマネジメント	【管理】将来ビジョン・経営方針
部長・店長		トップサポート、目標管理

現場管理	ローワーマネジメント	【業務】現場の管理
主任・チーフ		業務管理、報告、相談

👍 ONE POINT

マネジメント層に求められる能力

マネジメント層は、企業としての目標を多くの人間が共有し、達成に向けて効率的に動くためにピラミット型で構成されています。

各階層のマネージャーは、まず、目標を達成するための具体的施策を判断し、それを組織に属する多くの人たちに伝え、理解してもらう力が必要です。また、組織に正当に業務を配分し、その成果を正当に評価することが重要です。組織は生身の人間の集団なので、この配分と評価の正当性、公正性がなければ、組織は納得せず機能しなくなります。また、分析力も極めて重要で、目標達成に関して現状把握ができなければ、解決する課題を把握できません。これらの能力に応じて、マネジャーの適材適所の任用が必要です。

Chapter3 03

小売業における
トップマネジメントの仕事

小売業の経営は、変化する消費環境に素早く対応していくことが重要であり、トップマネジメントに求められているのは、環境の変化に応じた改革を果敢に決断するということです。

トップの仕事は企業価値を上げること

　トップマネジメントは、株主やその他のステークホルダー（金融機関、取引先など）に対して、経営資源の何をどのように使い、足りない場合はどこから調達し、どのような投資と活動を行うことにより、いくらぐらいのリターンを稼ぐかという目標を立て、株主総会の承認の下、達成に向けた具体的な戦略を提示します。経営目標を達成することで、企業規模を拡大し、収益を増やしつつ、社会的にも貢献することになります。

　要はその任期において企業価値を最大化するということですが、その経営判断は難しい面があると言えます。それは、小売業の場合、目標達成のための戦略策定にあたって、消費者という極めて把握しにくい存在を相手に商売しているからです。また消費環境の変化は目まぐるしく、消費者が求める小売の姿はこれまでも大きく変化してきました。小売各業態のランキングがこの30年ほどの間に大きく変動し、かつての大手スーパーが衰退した歴史については既述の通りですが、同時期、製造技術という客観的な拠り所を持った大手食品メーカーの顔ぶれには大きな変化はありませんでした。

株主総会
株式会社の最高意思決定機関で、株主が所有する株数に応じて議決権を行使し、会社の基本方針や重要な事項を決定する会議体。ここで決定された方針に沿って、会社の経営が実行されることになる。

変化対応を決断できるのはトップのみ

　小売業のトップ層において重要なのは、常に変化する消費者の買物スタイルに応じて、品揃え、売場構成、立地、価格設定などを変えていくことです。

　小売業の場合、外部の視点で経営をチェックする株主と経営者が一致している、いわゆるオーナー経営が少なくないので、創業者から2代目、3代目への移行時期にさまざまな問題が起こるこ

▶ 企業価値を上げるのがトップの仕事

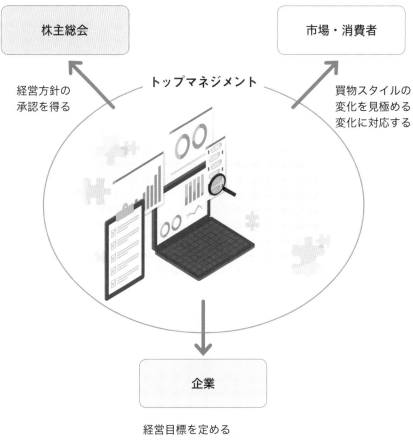

株主総会

経営方針の
承認を得る

トップマネジメント

市場・消費者

買物スタイルの
変化を見極める
変化に対応する

企業

経営目標を定める
経営資源を活用する
具体的な戦略を指示する

ともままあります。天才的商人であった創業者が生み出した成功
体験が金科玉条と化し、時代を経て消費環境と合わなくなってい
るといったことがよくあるのです。消費者向けビジネスにおける
トップマネジメントには、現状分析力が特に重要だと言えます。
変化の激しい消費環境の中で、過去のやり方では合わないことを
早期に認識して、変える判断がトップには必要なのです。

Chapter3 04

経営の根幹にも深くつながる バイヤーの仕事

消費者の購買代行機能を担うバイヤーは消費者の潜在的なニーズを先回りして提案することが求められています。小売業の商品構成という重要な任務を任されており、経営方針にも深く関わる仕事です。

消費者の潜在ニーズを見出すのがバイヤー

　商品の仕入はある意味で商売の大本であり、何を仕入れるかが小売業の経営方針とも一致する最も重要な仕事と言ってもいいでしょう。商品仕入機能を任されるバイヤーは、小売業の花形ポジションだとみなされてきました。バイヤーは、消費者の購買代行者です。消費者の今現在見えているニーズを読み込むのは当然として、その潜在的なニーズまで先回りして提案することが求められます。通常は、店舗などで経験を積み、消費者への理解も十分なベテラン社員が担当する難易度の高いポジションです。

小売企業の商品政策を担う中枢機能

　小売企業では商品の分類に応じた専門のバイヤーを置くのが一般的であり、担当商品の仕入の決定権を与えられています。スーパーマーケットのように多様な商品を扱う小売業の場合は、多くのバイヤーがそれぞれ広めのジャンルを担当しますが、専門店チェーンのように品揃えを絞っている場合には、細かく分類されたジャンルを深堀することもあります。こうしたバイヤー配置は、企業の経営方針に深く関わる事項です。

　実際にどんな活動をしているかは、各小売企業の方針によって全く異なります。例えば、食品スーパーマーケットのバイヤーなら、問屋やメーカーなどの提案に対して、いかに価格競争をさせて安いものを仕入れるかに重点を置くかもしれません。もしくは、販促協力金を多く提供させる、店頭陳列作業を負担させたり、キャンペーン人員派遣を提供させたりするといったコスト面を優先する方針の企業もあるでしょう。企業によっては、バイヤーが新たな訴求力のある商品の情報を全国の産地を駆け回って集め、自

販促協力金
メーカーが自社製品を店頭で重点的に販売してもらうために、小売側に提供する値引きなどの原資。併せて、キャンペーン販売員なども派遣するケースも多い。

▶ バイヤーは小売業の中枢

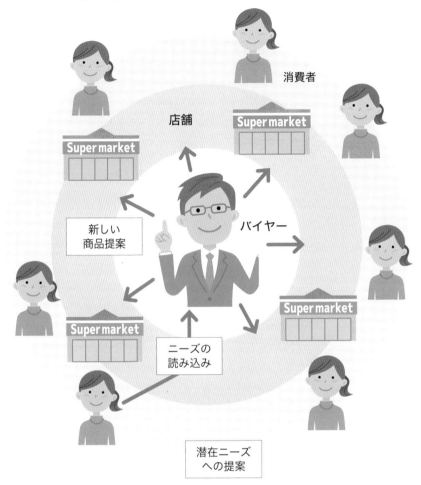

社で売るために交渉するというスーパーもあります。

　このように、バイヤー部隊（商品部などと呼ばれる）は経営の根幹とも密接に結びついて商品仕入という役割を担い、小売企業の中枢を占めていいます。バイヤー部隊の発言力が強い小売企業は多いと思われます。

Chapter3 05 プライベートブランド 開発担当者の仕事

プライベートブランドは製造、配送の多様なパートナーと共に創り出す、小売の収益を左右する戦略商品です。ただ、常にコスパを意識している消費者の信頼を勝ち取るのは簡単なことはありません。

PBは海外含めた多様な関係者と協力が必要

プライベートブランド（以下、PB）開発担当はバイヤーから派生した業務で、消費者に届けるべき商品を探すだけではなく、自社で企画して製造する手配までを行います。メーカーの新商品開発担当としての側面も担うため、幅広い商品知識を必要とします。

商品企画は自社で行いますが、製造過程や配送工程などについては委託メーカーや物流企業との協業が必要となるので、コミュニケーション力が欠かせません。その上、グローバリゼーションが進んだ今では、製造などのパートナーは海外企業となることが少なくありません。語学力が求められる場面も多いですが、それ以上に、異文化を背景とした多様な考え方を持つビジネスパートナーとの関係構築が必要です。

また、PBは小売企業にとっての収益の根幹とも位置付けられる重要な戦略商品ですので、開発商品の成否が企業収益に直結することでもあります。極めてやりがいの大きな業務ですが、その責任も大きいため、メンタル面での相当なタフさが必要な仕事と言っていいでしょう。

PBとはコスパへの消費者の信頼

PB開発とは、基本的には、消費者に理解されるコストパフォーマンスの実現ということに尽きます。ナショナルブランド（NB）と同品質で低価格を実現すれば、コストパフォーマンスを産み出したことにはなるでしょう。しかし、消費者側から評価されなければ、コスパを実現したことにはならず、ブランド評価も上がりません。PB開発担当は、本質的にコスパの実現を追求し

プライベートブランド（PB）
小売、卸売など本来自ら製造を行わない企業が、独自のブランドで販売する商品のブランド。セブン＆アイグループのセブンプレミアム、イオングループのトップバリュといったものが有名。

委託メーカーや物流企業との協業
製配販一気通貫と言われるPBの製造には製造から販売までのサプライチェーンの有機的連携が必要。小売が全量買い取りを約束するため、広告宣伝費や廃棄ロスが削減され、参加メンバー全員の利益が拡大する。

ナショナルブランド（NB）
メーカーが企画開発し、全国のさまざまな小売店で広く販売する商品のこと。元々はメーカーが当該商品につけたブランドのことを指す。

▶ PB開発の例

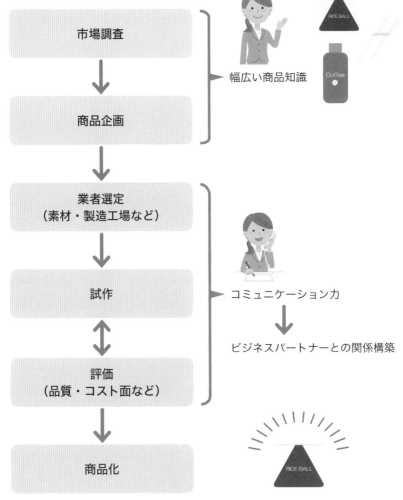

```
市場調査
   ↓
商品企画
```
幅広い商品知識

```
業者選定
（素材・製造工場など）
   ↓
試作
   ↕
評価
（品質・コスト面など）
   ↓
商品化
```
コミュニケーション力
   ↓
ビジネスパートナーとの関係構築

続けるのですが、それのみならず、消費者にそのコスパの真価を伝える手法を開発することも同じくらい重要な任務であると言えます。そのブランドは常にコスパが高い商品を提供していると消費者が信じてくれるようになってはじめて、そのPBブランドが確立したと言えます。**セブンプレミアム**がその代表格だと言えば、その感じがおわかりいただけるでしょう。

セブンプレミアム
流通大手セブン＆アイグループがPBとして創設したブランド。価格訴求ではなく、価値訴求を目的として相応の価格で高い付加価値を持たせることに成功しており、国内では最も評価が高いPBとされる。

Chapter3 06

小売チェーンの業績を左右する店舗開発の仕事

立地が店舗の成否の8割といわれる小売業において、店舗開発は極めて重要な任務です。中でも、稼げる店舗フォーマットを構築しているかどうかで、小売の出店力、成長力が決まります。

店舗の成否は立地が8割

小売店舗の成否は立地が8割という経験則があります。したがって、店舗の出店を担当する店舗開発はまさに小売チェーンの業績を大きく左右する重要な業務だと言えます。店舗開発担当は、進出を予定するエリアの不動産情報を常に把握して、自社店舗にとって最適だと思われる場所を判断します。そして関係者と交渉を行います。さらに、その土地は現状、住宅や工場などに利用されていることも多く、再開発投資を行ってでも出店することが収益につながるかどうかを慎重に判断せねばなりません。

対象となるような優良立地は、競合他社にとっても欲しい場所ですので、その競争にも勝たなければなりません。その場所に自社店舗が出店するための投資額、見込める売上、利益、投資回収の期間を踏まえて、投資の可否を決定するといった判断が必要となります。

稼げる店舗フォーマットが店舗開発力を左右する

小売チェーンは最適と思われる店舗フォーマットを決めてチェーン展開するビジネスです。出店する店舗で想定される売上、利益を確保できるかどうかは、競合に勝てる魅力的な店作りができるかどうかにかかっています。そのため、店舗フォーマットを作り、継続的にブラッシュアップしていきながら、フォーマットが生み出す売上を極大化していく必要があります。

競合よりも高い収益を挙げることができるフォーマットを確立していると、逆算して店舗用不動産の投資に掛けられる上限の金額が高くなります。出店立地を確保する際、不動産利害関係者に提示できる金額が高くなりますので、結果的に競合他社との立地

不動産利害関係者
不動産開発を行う際には、これまでの利用状況を変更して店舗を再開発することになるので、それまでの利用状況に応じて、土地所有者に加えて、土地の地上権、賃借権、抵当権などの権利を有する者、建物に関しても同様の人が存在するため、権利に応じて権利調整を行う必要がある。

▶ 店舗フォーマットと出店力

A社のフォーマット

売上	100
粗利	30
営業利益	10
キャッシュフロー	15

B社のフォーマット

売上	200
粗利	60
営業利益	30
キャッシュフロー	30

不動産投資額を10年で回収するとすれば

投資上限	A社 15×10年＝<u>150</u>	B社 30×10年＝<u>300</u>

B社のフォーマットがA社のフォーマットより投資上限が高い

不動産関係者に高値を提示できるB社が、
競合に打ち勝って出店、成長することができる

獲得競争に勝つ確率が高くなるということになります。

　したがって、出店エリアに不動産情報を知っているだけでは十分ではないと言えます。自社の店舗の過去実績（競合環境、集客状況、売上、利益の推移）を緻密に分析し、自社店舗フォーマットの長所短所を正確に把握し、どのように改善していくべきなのか、という知見が必要です。競合他社に打ち勝ち、売上、収益を極大化できるフォーマット開発を実現してこそ、多くの店舗が出店できるという原則を意識していないと、不採算店が増えてチェーンの経営は立ち行かなくなるでしょう。

Chapter3
07

本部と店舗の橋渡し
スーパーバイザーの仕事

スーパーバイザーは本部と店舗の橋渡しを行う店舗のサポート役です。店舗の側に立って、目標達成を支援することが結果として成果を生みます。

本部と店舗をつなぐスーパーバイザー

　スーパーバイザーは、チェーンストアにおいて、店舗のサポート役といった位置づけにあります。通常は複数店舗を受け持って、店舗が本部施策に基づいて目標を達成するためのさまざまな手助けをします。

　特に、フランチャイズチェーンの各店舗が独立した経営体であるコンビニエンスストアにおいて、その存在が知られています。チェーン本部の営業施策を伝え、店舗における施策の実行をきめ細かく支援するために、大手チェーンには千人単位のスーパーバイザーがいます。フランチャイズチェーンの加盟店経営者は各々が経営者ではありますが、チェーン本部の定めたルールに基づいて経営することが義務付けられています。しかし、限られた商圏の消費者としか接点のない加盟店経営者は、チェーン本部のように市場環境変化や消費者動向の大きな流れを把握することは難しいため、新たな本部施策や新商品サービスについてその都度十分な説明を受ける必要があります。そこでスーパーバイザーは加盟店と本部の間に立って、加盟店の立場に立ったサポートを行うことで、チェーンとして一体となった営業活動を行うとともに、加盟店の利益の向上をサポートするのです。

店舗の業績アップがスーパーバイザーの実績

　コンビニチェーンにおいては近年、本部と加盟店の間で、24時間営業や売れ残り商品廃棄ロスなどに関する争議が起こっています。スーパーバイザーの利益目標が、本部の利益を極大化することに設定されていると、場合によっては加盟店利益を損なうことにつながります。そのままでは加盟店との関係を損なうため、

争議
7章セクション02参照。本部利益の極大化を追求することは、必ずしも加盟店の利益の拡大にはつながらないことが理由。

▶ スーパーバイザー制度の例

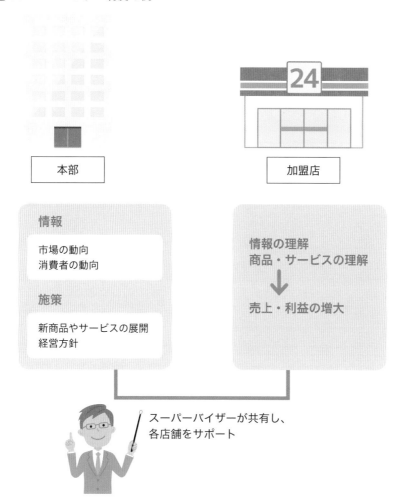

本部

加盟店

情報

市場の動向
消費者の動向

施策

新商品やサービスの展開
経営方針

情報の理解
商品・サービスの理解
↓
売上・利益の増大

スーパーバイザーが共有し、
各店舗をサポート

コンビニチェーンにおけるスーパーバイザーの目標設定が担当加盟店の収益合計を最大化する方向に修正されました。スーパーバイザーはこうした構造を今一度認識し、自らの役割が担当店舗の利益の向上のために存在するという意識を強く持つ必要があります。店舗の立場に立ってサポートすれば、中長期的に担当店舗の収益につながり、結果として自らの実績も上がるのです。

Chapter3 08

小売業の生命線 物流担当者の仕事

小売業の生命線でもある物流は商流、情報流との連携が必須であり、ITシステムとの連動が進んできました。これからの5G時代のIoTの浸透に伴い物流自動化への対応にも備える必要があります。

縁の下の力 物流担当者の重要性

　物流は小売業にとって生命線ともいうべき重要な役割であることは既に述べた通りです。情報化、IT環境の進化の中にあっても、モノの移動を伴う物流はITによって完全に置き換えることができません。物流の効率化は各社の差別化要因ともなる重要なテーマとなっています。

　いまやチェーンストアにおけるセンター活用は当たり前のことですが、その運用の仕方やITの活用方法によって、チェーン全体の効率性が大きく左右されます。物流担当者はこの難題に取り組み、常に工程の見直しや改善、情報化、自動化といった課題解決を求められています。また、業務の正確性を求められる一方で、その成果がなかなか表舞台で評価されることもなく、縁の下の力持ち的な存在でもあります。さらに、物流の現場は小売業者の専門分野ではないため、物流業者や中間流通業者である卸売業者との協業が必要となります。特に食品などを取り扱っている場合には、地域別、温度帯別に物流網を構築する必要があります。関係する事業者は多岐にわたり複雑な物流網を管理しなければならず、その業務範疇はかなり広範囲にわたると言っていいでしょう。

5G時代のIoT普及で変わる物流の世界

　これからの物流担当者には、最新の物流技術に対するアンテナも必要です。これまで物流は情報流との連携が中心であり、モノの動きと商品管理の動きを連動させたり、POSの活用で決済情報と受発注システムを連動させるなどで効率化を図ってきました。このように従来からITシステムに関する理解が要求されていましたが、今後は5Gの普及を前提にIoTが急速に社会に浸透して

5Gの普及を前提としたIoTの浸透
　5G時代になるとこれまで以上に切れ目なく、遅れない、大容量通信が可能になり、IoT化が進んでロボットやドローンの普及、自動運転といったことが現実になる。労働集約的工程を多く残している物流の現場でも自動化が急速に進行する可能性があり、これに対応することが物流効率化の肝となる。

▶ チェーンストアにおける物流の業務

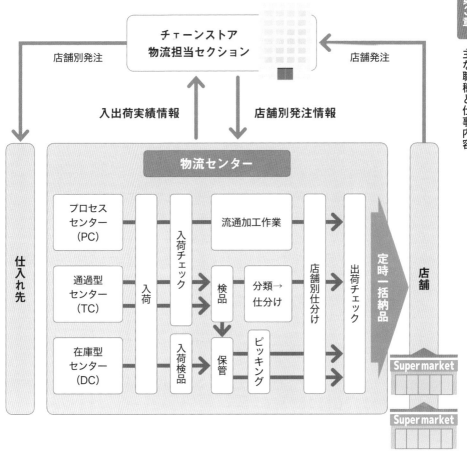

いくことが想定されています。IoTの進展は自動運転、ドローン、ロボティクス普及といった物流に関連する新たな技術革新を実現することになるでしょう。これまで物流はITとは連動しつつも、モノが介在するために労働集約的な現場からは脱却できませんでした。しかし、IoTによる自動化によって、これまでには無かった効率化を実現できる可能性があります。これからの物流担当者は、来るべき時代に備えて、IoTリテラシーを備える努力が必要になってくるでしょう。

Chapter3
09

EC担当者、
広告宣伝担当者の仕事

今や多くの小売で置かれているEC担当者はデータマーケティングの牽引車として期待されています。広告宣伝担当は一方向の宣伝媒体であるチラシからデジタルな双方向媒体へのアプローチへと転換を迫られています。

EC担当者は新たなマーケティングの牽引者

小売業の場合、まっ先に必要な部門にEC担当、広告宣伝担当などがあげられます。小売業者の大半がネットによる販売チャネルを立ち上げている状況であり、既存のリアル店舗中心の小売業のほとんどで、EC担当者が存在しています。

EC担当者に求められるのはいわゆるITリテラシーのほか、EC取引を通じて得られる消費者購買データをどのように活用するかという知見でしょう。

ECは重要な販売チャネルですが、商品を売って収益を稼ぐという役割のみならず、顧客のさまざまな属性情報や購買行動の履歴を簡単に蓄積できるという点で、既存のチャネルとは大きく異なります。顧客ビッグデータを分析して消費者への提案に結びつけ、顧客の行動に対して仮説検証を継続していく必要があります。EC担当者はその最前線にいる存在として、新たなマーケティングを牽引すべき存在です。

広告宣伝はチラシからスマホアプリへ

広告宣伝の手段も大きな変化の真っただ中に置かれています。多くの小売業にとっては新聞折り込み広告チラシを配ることで、消費者に商品情報やセールの情報を伝え、来店を促すというのが主な広告戦略でした。ファーストリテイリングの社長である柳井氏は常々、「チラシはお客さまへのラブレター」だと言い、チラシにはすべて目を通していると公言しています。チラシがいかに重要視されてきたかがわかります。

しかし、新聞購読数が減少し続けているなかで、チラシ広告によって消費者に訴求する効果は急速に薄れつつあります。若い世

▶ 小売環境と広告宣伝の変化

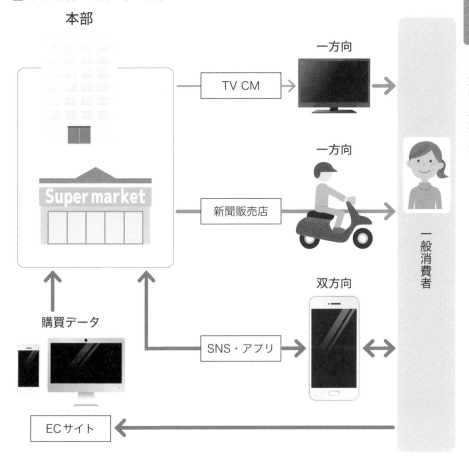

代はTVもあまり見ないようになっており、TVCMも含めてマス広告自体がその効果を希薄化させています。

　これからはネット経由、SNS経由、スマホアプリ経由などにより、顧客との双方向の関係性を構築していかねば、小売業が消費者に訴求することは難しくなっています。新たな消費者との関係構築の中に、新たな広告宣伝の機能を織り込むことが求められているのです。

現場をつかさどる店長の仕事

店長は店のリーダーであり、店舗環境の現状分析とチームビルディングは重要な業務です。特にパート人材を活用した生産性の向上が小売業共通の課題となっています。

店舗の現状分析から始まる店長の仕事

　店長はチェーンストアの現場である店舗のリーダーであり、店長次第で店舗の業績は決まるといっても過言ではありません。もちろん、店舗の外部的な環境である商圏の環境や競合の状況によって業績自体は大きく左右されるのですが、与えられた環境において、どのような戦略を取るかによって結果が全く異なります。

　店長の業務で最も重要なことは、現場における戦略策定とチームビルディングです。戦略策定とはどのような商品、サービスを重視した店作りを行うか、どのように消費者に訴求していくかを定めることです。策定にあたって見落としがちなのが、店舗環境の現状分析です。これを誤ると致命的な結果につながることがあります。

　例えば、高齢者対応を徹底するために高度経済成長時代の懐かしい商品に集中特化して一時期売上を上げた店がありましたが、その店は5年後には急速な売上減少に見舞われ頓挫しました。これは**年代と世代**を混同したことが要因です。年代は入れ替わっていくため、特定の世代は時代から退場していくことを認識していなかったのです。現状把握は相当な労力が必要であり、店長はこうしたことに頭を使わなければなりません。

年代と世代
年代とは現時点の年齢階層、世代とは生まれた年代による階層のこと。世代が時間を経ることで年代が変わって行くため、時点によって異なる。高齢者と一言で言っても、昔の高齢者はネットを使える人は少なかったが、今の高齢者はスマホを使える人が増えつつあるといったイメージ。消費者としての嗜好は変化し続ける。

パート、アルバイトの生産性向上が実績につながる

　次に重要な店長の役割は、店舗というチームを率いて、仲間達が働きやすい組織を作り上げ、目標達成に向けて結束していくということです。

　パート、アルバイトを多く抱えるチェーンストア組織のリーダーが特に認識しておかねばならないことがあります。それは、パ

▶ あるスーパーの店長の１日

| 出勤・開店準備 | 開店 | 昼食 | 午後業務 | 退勤 |

開店前に行う作業（時系列順）

1. 引き継ぎの確認
2. 金庫を開けてレジ開けの準備
3. 前日の売上・利益など数値チェック
4. 本部からのメールのチェック
5. 予算・客数・人員・天候・チラシ確認
6. 各部門へあいさつまわり
7. 商品搬入と仕分け
8. 社員がいない部門の品出しフォロー
9. 駐車場の清掃
10. リサイクルボックスの回収
11. レジ担当と打ち合わせ
12. 広告の品とPOP確認
13. 開店直前の売場確認
14. 入口でお客様のお出迎え

開店から昼食までに行う作業（時系列順）

1. 品出しフォロー
2. 事務所でメール、書類確認
3. 競合店の状況を見に行く
4. 発注フォロー

昼食後から退社まで行う作業（時系列順）

1. ミーティング
2. 店舗まわり確認
3. 各売場確認
4. レジ状況確認
5. 在庫整理と確認
6. 値引き作業指示
7. クレーム処理対応
8. 夜間社員・バイトへの引き継ぎと指示

8:00　　　10:00　　　12:00　　　17:00

ート、アルバイトといった仲間たちに対して、上意下達といった指揮命令系統による指示だけでは、労働生産性を向上させることはできないということです。

　パート、アルバイトは、正社員のように昇進、昇格をもって仕事のインセンティヴとすることは難しく、契約上、決められた業務しか行えません。その上で労働生産性を改善していくためには、仲間として尊重する姿勢を示し、彼らが働きやすい環境を提供して、協力をお願いしていく必要があります。認識しておくべきは、パート、アルバイトは多くの場合、店舗のある地域コミュニティの住人であるということです。その口コミは商圏における評価と直結しています。このあたりは次のセクションで改めて説明することにいたします。

Chapter3 11

パートタイム人材を中心とした店舗スタッフの意識を高める

今や多くの小売店舗ではパートタイムが過半以上を占め、彼らが店を支える存在になっています。パートタイム人材の生産性を向上するためには、彼らの仕事に注目し「承認」していることを伝える必要があります。

店舗を支えるパートタイム人材

　チェーンストアの現場である店舗業務は、パートタイム、アルバイト従業員によって支えられており、その構成比が過半を超えている企業も少なくありません。スーパー、ホームセンターなどではパート比率が7割以上、ドラッグストアでも6割を超え、他の小売業でも多くが同水準となっています。小売業はパート、アルバイト人材に依存している状況だと言えます。

　こうした現状を踏まえれば、パート、アルバイト人材の活躍が、チェーンストアの生産性に直結していることは明らかです。しかし、小売業界が彼らの生産性を十分に引き出せているかといえば、必ずしもそうとは言えないのが現状です。パート人材は、人件費を削減するためのツールであるといったコスト意識を持っている企業も少なくなく、このような企業ではパート人材の側に仕事への意欲が起こるはずはありません。大半の従業員が決められた時間に最低限の作業を済ませて帰るとなれば、生産性は上がるどころか下がる可能性も高いのです。

パート人材の自己実現が魅力的な売場をつくる

　福岡で成長を続けているハローデイという地場有力食品スーパーがありますが、手間をかけた丁寧な売場作りが業界では有名な企業です。この会社の店舗では、ここかしこに商品説明のPOPがあふれ、装飾が什器備品を飾り、細かいサイクルで陳列が入れ替えられています。来店客にとって探しやすく、きれいで清潔、かつ、親切な売場が高い評価を受けています。

　こうした売場を維持するには手間がかかるのですが、パート人材を中心にした店舗スタッフが、さまざまなアイデアを出しなが

▶ パート・アルバイトが一丸となって作り上げる売り場の例

写真提供：ハローデイ、株式会社船場

ら協力して作り上げています。こんなことがどうしてできるのか
といえば、店舗スタッフのアイデアや工夫に対して、管理者、経
営者がきちんとそれを認め、パート個人に対してきめ細かく顕彰
したり、感謝の意を表明したりするからです。店舗スタッフが楽
しくゲームをしているように、ちょっとだけ競い合っている感じ
と、小さな成果に対してもきめ細かく「承認」を送る気遣いが大
切だということです。小売の現場でも「いいね」が大事なのです。

小売キャリアはステップアップの可能性大

小売キャリアの汎用性は高い

　小売業の仕事は製造・販売・配送など、業務が広範囲にわたり、消費者向けビジネスの最前線という位置づけからしても、キャリアの汎用性が高い職種だと考えられます。どの部門で仕事を担当しても、消費者に満足してもらうことを目的として業務を遂行することが求められます。真剣に取り組んでいけば、必ずや顧客目線を意識した商売の感覚を少しずつ体得することができるでしょう。

　例えば、直接、消費者との接点は持たない物流センターで業務を行っていたとしても、その目的はお客様が満足する売場作りのためのインフラ構築、運営ですから、顧客満足を追求するというマインドを持たねばいい仕事はできません。小売業のキャリア経験は、幅広い意味での消費者向けビジネスとは何たるかを学ぶ貴重な機会となるはずです。

全国で活躍するダイエーOB

　汎用性の高いキャリアなので、小売企業で経験を積んでいくということは、転職や起業の余地も高くなると言えます。

　小売業界は異業種からの転職も含めて中途入社人材が多く活躍している業界であり、転職しながらキャリアアップする人が多いと言われています。企業単位での栄枯盛衰は激しいのですが、ダイエーでキャリアを積んだかつての社員たちは、全国各地の小売業に幹部として迎えられ、活躍している人も多くいます。

　環境の変化やビジネスモデルの陳腐化によって、企業の寿命が尽きることがあっても、そこで培ったキャリアを活用する場がたくさんあるということでしょう。また、そうした中途採用人材が離合集散する組織が多いということは、さまざまな出自を持った多様な人材と出会える機会も多いと解釈することもできます。

第4章

業態の変遷の歴史と
その背景

日本のチェーンストアは、モータリゼーションの進展
が生み出したロードサイド立地を基盤に大きく成長し
ました。これからはネット環境の充実に伴うバーチャ
ルなEC環境が新たなフロンティアとなるのです。

Chapter4 01

ダイエーが牽引した チェーンストアの台頭

高度成長期に現れたスーパーは、当時の高い消費意欲を取り込んで急速に成長しました。ワンストップショッピングと低価格を武器に全国展開し、70年代には小売の王者と呼ばれる存在に成長していきました。

旺盛な消費意欲を背景に成長した総合スーパー

　高度経済成長期、米国発祥のスーパーマーケット（以下、スーパー）が、日本でも次々に誕生しました。セルフサービス方式の広い店舗をチェーン展開することで、大量販売による低価格化を実現したスーパーは、急速に日本市場に浸透するようになっていきました。1950年代に「三種の神器」と言われた白黒テレビ、洗濯機、冷蔵庫の普及が進み、次いで、カラーテレビ、クーラー、自家用車（頭文字をとって３Ｃといわれた）の普及が進むなど、当時の旺盛な消費意欲がスーパーの成長を後押ししました。

　この時代、消費者の主な移動手段は徒歩、自転車、公共交通（電車、路面電車、バスなど）であったため、公共交通の結節点となる駅やバスターミナル周辺と住宅密集地周辺が商業立地として適していました。スーパーが普及する前の典型的な買物のパターンは、日々の買物は住宅地周辺の商店街で、休日のまとまった買物は駅前の大規模商店街へ、ハレの日のお出かけは都心部の百貨店へといったイメージです。総合スーパーは主に駅前に次々と出店することで、休日のまとまった買物を一気に奪い取って成長していきました。

ワンストップと低価格を武器にメインプレイヤーに

　総合スーパーは多層階の大型店舗を構え、食料品から衣料品、家具、雑貨などあらゆる商品を低価格で品揃えし、一か所で何でも買える「ワンストップショッピング」の利便性をウリにしていました。百貨店より低価格、商店街より便利な店として、一般消費者の支持を得ることに成功したスーパーは、小売のメインプレイヤーとなりました。

セルフサービス方式
店舗における販売方法で、お客が自由に商品を手に取って選び、レジにて精算するやり方。接客販売しないことでコストを抑えて、低価格で販売できるメリットがある。

▶ 公共交通による人の動きとクルマ社会の人の動き

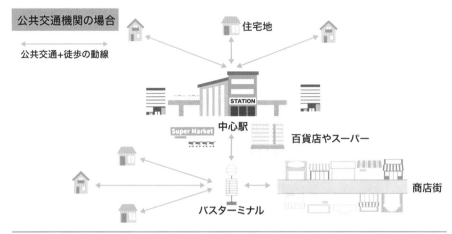

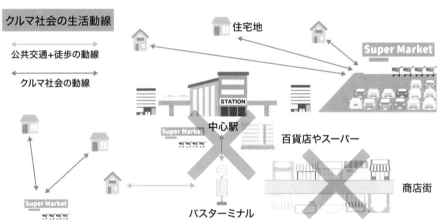

ONE POINT

ダイエーが牽引、主役は総合スーパーに

ダイエーは、神戸の繁華街で大成功して、関西の繁華街に出店を拡大しました。1970年代には全国展開を進めて成長を続け、1972年にはそれまで小売業売上トップであった百貨店首位の三越を抜いて、売上日本一となりました。この頃には、大阪のニチイ（後にマイカル）、東京の西友、イトーヨーカ堂、中部地方にはジャスコ（現イオン）、ユニーなどの総合スーパーが3大都市圏から興って全国展開を競い合うようになり、小売業の売上上位に名を連ねるまでに成長しました。

Chapter4 02

ロードサイドマーケットの誕生

1980年代、公共交通が脆弱な地方では買物の移動手段がクルマに変わりました。休日に家族揃ってまとめ買いという習慣が生まれ、安くてワンストップ対応の総合スーパーは絶大な支持を受けたのです。

クルマの普及でロードサイドにマーケットが誕生

1980年以降、地方や大都市郊外においてクルマが普及するようになりました。地方は元々、鉄道やバスなどの公共交通網がぜい弱であったため、便利なクルマは地域におけるパーソナルな移動手段として急速に浸透しました。こうしてモータリゼーションによって、地方や郊外の田んぼや畑だった道路沿いに、ロードサイド（幹線道路沿い）という新しい商業立地が生まれました。

モータリゼーション
自動車が大衆社会に広く浸透し、生活必需品化すること。ここでは自家用車が普及していく趣旨で使用。

それまでは、商業立地≒公共交通のハブであったため、出店場所が限られているうえに、既に市街地なので空きスペースも多くはありません。対して、ロードサイドは空地だらけで、無尽蔵のフロンティアであるとして、多くの小売業が出店するようになりました。駅前立地が飽和しつつあった総合スーパーも、ロードサイドを中心に出店するようになりました。

「休日に家族揃って」に最適だった総合スーパー

ロードサイドは総合スーパーにとって、実はぴったりの場所でした。不動産コストが安く済むため、これまでと同じ投資で、より大きな売場と広い駐車場を確保することができ、快適な店舗設計が可能になりました。たくさん荷物の積めるクルマで、休日にまとめ買いとなれば、一か所で家族のニーズが何でも揃い、価格も安い総合スーパーで、というのが標準スタイルとなったのです。これにより、ロードサイド大型総合スーパーは、小売の花形となり全国に拡がっていきました。

地方はロードサイド、首都圏、京阪神のみ駅前

こうして地方ではロードサイドに新しい店舗や外食店が林立す

▶ 自動車保有台数とスーパーの売上推移

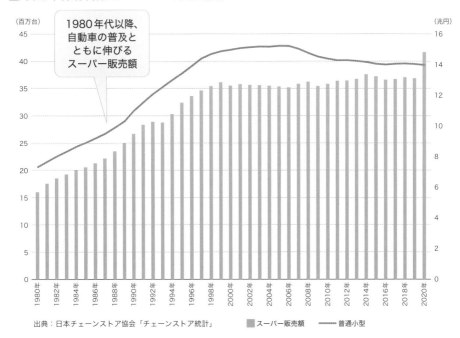

1980年代以降、自動車の普及とともに伸びるスーパー販売額

（百万台）
（兆円）

出典：日本チェーンストア協会「チェーンストア統計」　■スーパー販売額　━━普通小型

るようになり、若者やファミリーの足は駅前やバスターミナルから遠のくようになります。既存の市街地は「古臭い」うえに、渋滞や駐車場がないなどの点でクルマ利用者には不便でした。こうして地方の公共交通ハブは寂れ始め、いわゆる地方の駅前シャッター商店街が生まれたのです。

　ただ、こうした消費者動線の変化は、首都圏、京阪神といった鉄道網がはりめぐらされた地域では限定的でした。これらのエリアでは、都心部を中心とした世界一便利な公共交通網がさらに機能強化したため、消費者はクルマを持つ必要があまりありませんでした。この大都市圏中心部（首都圏なら国道16号線内側）では、駅前はその機能を維持し続けています。都内には元気な商店街が多いのにはこうした背景があります。

Chapter4
03

ホームセンター、紳士服チェーン、家電量販店などが郊外に出現

ロードサイドにマーケットができると、ホームセンターや紳士服、家電量販などの専門店が各地で勃興しました。特定ジャンルで、スーパーを上回る品揃えと提案力を備えた専門店は、スーパーのシェアを侵食し始めるのです。

ロードサイド立地が専門店チェーンを生み出した

初期のロードサイドにおいては、新たな出店余地を取り込んだ専門店チェーンが次々に生まれました。都市部の電気店でしかやっていなかった家電ディスカウント販売を郊外に展開したロードサイド家電量販店チェーン。広い売場に DIY 商品や家回りのさまざまな商品を幅広く提供するホームセンター。紳士服を低価格で提供する紳士服専門店チェーンや、カー用品店チェーン、ジーンズカジュアルショップなどが、全国各地で雨後の竹の子のごとく出店し成長するようになりました。

これら初期のロードサイドチェーンは、言わば「男性向けの店」でした。この頃のドライバーは男性がほとんどなので、女性が単独で選ぶ商品ジャンル（例えば、化粧品、レディースファッション、インテリア雑貨など）に関しては、この時点では存在感がありません。こうしたジャンルは次のサイクルで主役となるのですが、それはセクション06（P.86）で詳説します。

専門店チェーンは総合スーパーの牙城を侵食

これらの専門店チェーンの成長は、小売の王者であった総合スーパーの売上を少しずつ侵食し始めることになります。有力な専門店チェーンが存在感を増してきた家電、紳士服、日用雑貨、カー用品などの分野で、総合スーパーの売上が奪われていきました。

専門店チェーンは企業規模も小さく、その店舗も総合スーパーからすれば小さな店に過ぎませんでしたが、特定ジャンルの商品の売場としては、スーパーをはるかに上回る品揃えと提案力を持っていました。そうした専門店はカテゴリーキラーといわれるまでに成長し、消費者は専門店チェーンを支持するようになってい

DIY 商品

Do It Yourself の頭文字をとったもので、「自分でやってみよう」の意味。素人が何かを自分で作ったり、修理したりするための道具や関連する商品。

初期のロードサイド専門店のイメージ

自動車保有台数とホームセンターの売上推移

総合スーパーと同じく、自動車の普及とともにホームセンターの市場規模も大きくなっていった

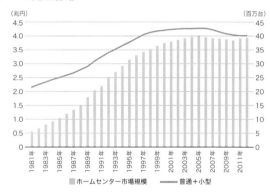

出典：国土交通省「自動車保有車両数統計」及び
日本DIY協会「ホームセンター市場規模」
よりみずほ銀行産業調査部作成

きます。専門店チェーンの存在感が大きくなるにつれ、総合スーパーの売場が削られていきました。

　かつて、成長の途上で出店していた地方の旧市街地の店舗がロードサイドに顧客を奪われて、徐々に売上を落とし始めたのです。地方の公共交通ハブに先行して多くの店舗を出店していた総合スーパーは、多くの不採算店を抱えるようになっていきます。これが総合スーパーの存続に大きな影響を及ぼすことになります。

Chapter4
04

バブル崩壊後の金融危機が誘因
総合スーパーの大再編

バブル崩壊後の金融危機は、総合スーパーの大再編を引き起こしました。銀行からの融資に依存して成長した最大手ダイエーは経営が悪化、着実にスクラップ＆ビルドを進めたイオンの傘下入りを余儀なくされました。

金融危機で負債依存の高い大手スーパーは破綻

スクラップ＆ビルド
新しい店舗を出店しながら、陳腐化した店舗を改装したり閉店するといった管理を行い、全体の効率性を維持していくというチェーンストアの経験則。

　1991年のバブル経済崩壊後、小売販売額の右肩下がり傾向は2000年代初頭まで続き、小売各社の業績は急速に悪化しました。特に、右肩上がり経済を前提として、リゾート開発や不動産などの事業多角化に乗り出していたダイエーをはじめとする大手は、多角化事業の業績が悪化、収益を圧迫するようになりました。さらに、業績の悪化に追い打ちをかけたのが、その後1990年代後半からの金融危機でした。巨額の不良債権処理に追い込まれた金融機関は債権回収に走り、多額の負債を抱えている総合スーパーに対して厳しい対応で臨むようになりました。

　多くの総合スーパーが多額の負債を抱えた背景には、資産価値の右肩上がりを前提とした出店政策がありました。バブル期までは、借り入れした資金で店舗を増やす方が、増収につながったのです。しかし、右肩下がりの経済環境では、借り入れして投資しても見合った収益が上げられず、返済が苦しくなるばかりでした。資産価値も下落するため追加融資も受けられなくなる、という負のスパイラルに陥ることで、多くの大手総合スーパーが、再編の波にのまれたのです。

立地環境変化で運命が分かれたダイエーとイオン

　ただ、ダイエーが再建できなかった本源的な原因は、全体の3分の1にあたる地方都市の駅前店舗が構造的に不採算店に陥っていたことだと考えられます。このころ地方都市はクルマ社会化が進んでいたため、総合スーパーの立地適地は、駅前からロードサイドに移っていました。しかし、ダイエーは新店出店や多角化に投資を振り向け、立地環境の悪い低採算の地方店を放置したため

▶ 1997年時点でのダイエーの店舗配置と存続率

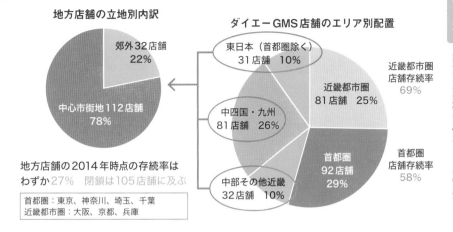

地方店舗の立地別内訳

郊外32店舗 22%
中心市街地112店舗 78%

ダイエーGMS店舗のエリア別配置

東日本（首都圏除く）31店舗 10%
近畿都市圏 81店舗 25%
近畿都市圏店舗存続率 69%
中四国・九州 81店舗 26%
首都圏 92店舗 29%
首都圏店舗存続率 58%
中部その他近畿 32店舗 10%

地方店舗の2014年時点の存続率は
わずか27%　閉鎖は105店舗に及ぶ

首都圏：東京、神奈川、埼玉、千葉
近畿都市圏：大阪、京都、兵庫

▶ 1997年時点でのイオンの店舗配置と存続率

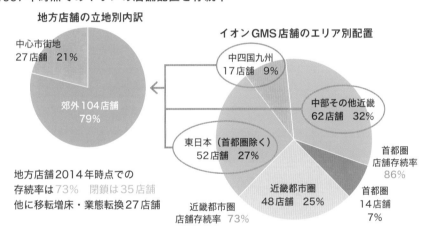

地方店舗の立地別内訳

中心市街地 27店舗 21%
郊外104店舗 79%

イオンGMS店舗のエリア別配置

中四国九州 17店舗 9%
中部その他近畿 62店舗 32%
東日本（首都圏除く）52店舗 27%
首都圏店舗存続率 86%
近畿都市圏 48店舗 25%
首都圏 14店舗 7%
近畿都市圏店舗存続率 73%

地方店舗2014年時点での
存続率は73%　閉鎖は35店舗
他に移転増床・業態転換27店舗

注：存続率は1997年時点での店舗数に占める2014年3月時点の存続店舗数の比率として算出（同上）
出典：商業界『日本スーパー名鑑』よりみずほ銀行産業調査部（同上）

収益が悪化し、再建のシナリオが描けなくなりました。これに対して、イオンは、スクラップ＆ビルドを地道に実施して、この時点でロードサイド型店舗へのシフトを終えていました。このため、本業収益を維持したイオンは再編の受け皿として名乗りを上げ、ダイエーやマイカルの事業を吸収することで、セブン＆アイグループと並ぶ2大流通グループとしての基礎を築くことに成功したのです。

2000年以降の
ロードサイドの変化

1990年代、地方では女性がクルマというパーソナルな移動手段を手にする
ようになりました。ロードサイドには女性ターゲットの専門店が数多く競い
合うようになり、勝ち抜いた企業が大きく成長していきます。

買物を主導する女性消費者がパーソナルな移動手段を入手

　1990年代には、地方では女性の免許保有率の上昇、共働き比
率の上昇などにより、女性向けのパーソナルカーともいえる軽自
動車の普及が進んでいきました。これは当時、製造業の製造拠点
の海外移転が急速に進んだことで、製造業の生産現場の多い地方
において、雇用環境が急速に悪化したことが背景にあると考えら
れています。その当時、子育て世代主婦層の就業率が急上昇した
ことがわかっていますが、所得環境の悪化により、夫婦で家計を
支えるという選択を行った人が多かったからだと考えられます。
公共交通がぜい弱な地方において共働きをするためには、主婦の
通勤用として2台目のクルマが必要でした。そのため、こうして
軽自動車が急速に普及していき、その結果、地方の女性たちはパ
ーソナルな機動力を持つことになったのです。

商圏が広がった地方での競争激化が進行

　女性がパーソナルなクルマを自由に使えるようになれば、平日
や通勤帰りにクルマで出かけて、自由に買物ができます。小売業
界においての経験則では徒歩、自転車の場合には商圏は半径
500mであるといわれています。クルマになると、商圏半径は数
kmにも広がるとされていて、仮に3kmだとすれば、半径は6倍に
なるので商圏面積は36倍に拡がることになります。これは競争
環境が劇的に厳しくなるということを意味し、上位の店以外の多
くの店が生き残れなくなります。このためその商圏においては上
位集約が進行します。そして勝ち残った強力な専門店チェーンが
地域を超えて、全国制覇を目指すようになるのです。

商圏
店舗を日常的に利用
する消費者が居住し
ている地理的な範囲
のこと。機動力が高
くなるほど、その範
囲は広くなる。

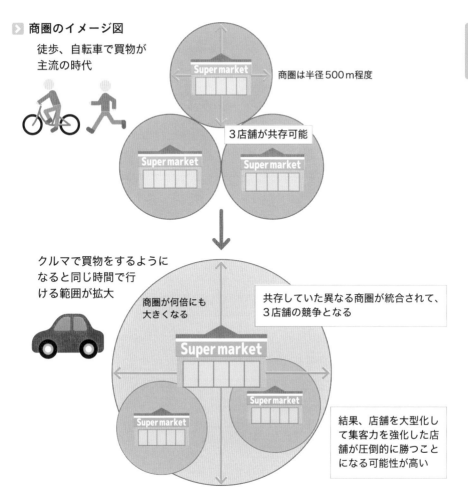

商圏のイメージ図

徒歩、自転車で買物が主流の時代

商圏は半径500m程度

3店舗が共存可能

クルマで買物をするようになると同じ時間で行ける範囲が拡大

商圏が何倍にも大きくなる

共存していた異なる商圏が統合されて、3店舗の競争となる

結果、店舗を大型化して集客力を強化した店舗が圧倒的に勝つことになる可能性が高い

👉 ONE POINT

大都市圏から有力専門店があまり生まれなかった理由とは

女性消費者が機動力を持つことによる環境変化は、公共交通の利便性がさらに高くなっている首都圏、京阪神の2大都市圏中心部では、あまり起こりませんでした。若者のクルマ離れもあり、大都市中心部は、商圏の拡大も起こらず、相対的に小売業の競争環境は緩やかなままでした。このため、現在、専門店チェーンの大手に成長しているような企業は大都市からは生まれませんでした。ちなみに、大都市圏の郊外部に関しては、地方と同様に軽自動車が普及し、女性ドライバーも多く、地方とほぼ同様のマーケットと考えていいでしょう。

女性マーケットの確立による
新しい専門店チェーンの躍進

ロードサイドでは第2世代専門店チェーンが、女性客の支持を背景に急成長を始めました。大型食品スーパー、ドラッグストア、100円ショップ、ユニクロ、しまむら、ニトリの快進撃はこの時から本格化したのです。

地方ロードサイドから生まれた専門店チェーン

　1990年代以降、地方のロードサイドには、女性消費者をターゲットにした第2世代専門店ともいうべきさまざまなチェーンストアが生まれ、激しい競争を行いながら成長していきました。ロードサイド型大型食品スーパー、薬や化粧品を幅広く揃えたドラッグストア、さまざまな雑貨類や便利グッズを100円均一で提供する100円ショップなどの、生活必需品を売る専門店チェーンもこの時期に成長しました。他にも、ジーンズカジュアルショップから転換して、男女両方に良質なカジュアル衣料を安価で提供する「ユニクロ」や、低価格レディスカジュアルの代名詞「しまむら」、また、元々は家具店ながら、インテリア雑貨を主力商品として成長した「ニトリ」なども、地方のロードサイドから興って、大手専門店チェーンにのし上がった企業です。この時代に、地方ロードサイドで第2世代の専門店チェーンが生まれたことで、第1世代の「男性向けチェーン店」と併せて、現在の専門店チェーンが出揃いました。

第2世代専門店チェーンに時代が追いついた

　これらの第2世代専門店チェーンに共通しているのは、90年代以降に急成長して全国展開するのですが、創業時期は第1世代とあまり変わらないということです。例えば、ユニクロ1号店は1984年、ニトリの創業は1972年、しまむらが島村呉服店から今の社名に変更したのが1972年、郊外型ドラッグストアの大手コスモス薬品の創業は1973年、100円ショップ最大手の大創産業の会社設立が1977年などです。ここでわかることは、第2世代専門店チェーンも、第1世代がブレイクする80年代には既にチ

ユニクロ
山口県のメンズカジュアルショップから転換して、今やユニクロ、GUなどを展開する世界のファーストリテイリングに成長。

しまむら
埼玉県小川町発祥の島村呉服店から転換し、今や国内NO1の低価格レディスカジュアルチェーンに成長。

ニトリ
北海道の家具店から転換し、家具インテリア雑貨チェーンとして成長し国内で圧倒的なシェアを持つ企業に成長、米国、アジアにも展開中。

▶ 主な第2世代専門店チェーンの発祥地

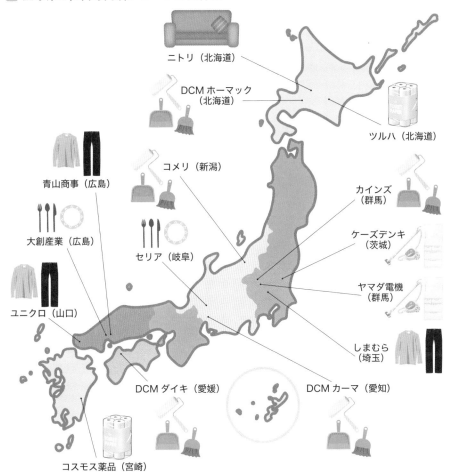

ニトリ（北海道）

DCM ホーマック（北海道）

ツルハ（北海道）

コメリ（新潟）

カインズ（群馬）

ケーズデンキ（茨城）

ヤマダ電機（群馬）

青山商事（広島）

大創産業（広島）

セリア（岐阜）

ユニクロ（山口）

しまむら（埼玉）

DCM ダイキ（愛媛）

DCM カーマ（愛知）

コスモス薬品（宮崎）

ェーン店として存在していたのですが、ロードサイドに女性マーケットが成立していなかったために、その時点ではまだ地方の中小チェーンだったということです。ロードサイドという無尽蔵の出店可能な場所に、女性消費者の動線が通るようになって初めて、第2世代専門店は急成長のステージまで至りました。このことが示唆しているのは、すばらしいビジネスモデルであっても、対象顧客の動線と一致した立地であり、また、そこに大量出店できるスペースがあるという2つの条件が重ならないと、ブレイクはしないということです。1990年代は、第2世代専門店チェーンに時代が追いついた、そんな時代だったのかもしれません。

Chapter4
07

総合小売業の衰退と目的別専門店モール

消費者は、総合スーパーの「安さ」「ワンストップ」より、専門店チェーンの「コストパフォーマンス」や、専門店が共同出店して提供する「生活必需品ワンストップ」を支持するようになっていきました。

コストパフォーマンスでアピールした専門店を支持

　専門店チェーンが出揃ったことで、総合スーパーのワンストップショッピングに飽きていた消費者は、専門店の売場を支持しました。総合スーパーの売場を「何でもあるけど、（買いたいものは）何もない」と揶揄する声がありますが、ジャンルを深く掘り下げた専門店の売場に比べ、総合スーパーはセンスがないといったイメージが広まってしまいました。

　ただし、2000年代は経済的には停滞していた時代ですので、基本的には低価格とは買物の選択肢において重要な要素でした。総合スーパーは当初から低価格を実現することに力を注いできたチェーンなので、価格面では専門店に引けを取ることはありませんでした。しかし、専門店に勝てなかったのは、専門店が絶対的低価格ではなくコストパフォーマンス（コスパ）の高さをアピールすることを重視したからです。例えば、ユニクロのヒートテックより安いものは他にも売られていますが、消費者がユニクロを選ぶのはその機能やセンスから見てコスパが高いと判断しているからでしょう。総合スーパーは「安い物を安く売っている店」というイメージを持たれてしまったのかもしれません。

小規模ショッピングモールが地方で生まれた

　生活必需品を扱う専門店は、来店頻度の高い食品スーパーを核として共同出店し、広い駐車場を共有する小規模なショッピングモールを作って、さらに利便性をアピールするようになっていきます。多忙な共働き主婦の多い地方ロードサイドの平日の買物では、生活必需品を短時間で買い回れるということが重要だったのです。平日の「生活必需品ワンストップショッピング」という買

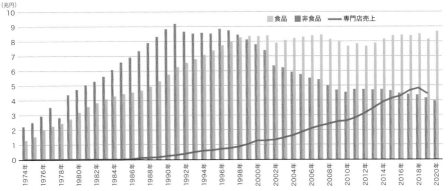

▶ 総合スーパーの売上推移と専門店チェーンの売上推移

注：ここでの「専門店チェーン売上」は、ファーストリテイリング、しまむら、ライトオンアダストリアHD、ハニーズ、マックハウスコックス、ジーンズメイト、ユナイテッドアローズ、パル、青山商事、AOKIHD、コナカ、はるやま商事 パスポート、雑貨屋ブルドッグ、西松屋、ニトリの売上高合計

出典：日本チェーンストア協会「チェーンストア統計」及び各社IR資料よりみずほ銀行産業調査部作成

▶ 女性消費者の機動力が備わった後の買物行動

平日
- 日用品や食料品を買いたい
- 時間はかけずにひとつのお店で済ませたい
- 生活必需品以外の品揃えが多い大型点は敬遠

最寄品特化型ワンストップショップ
- 平日ワンストップ＆ショートタイムに対応
- 主婦が購買決定できる最寄品中心の商品構成
- 価格訴求、もしくは特定部門に高い集客エンジンを備える
- 店舗規模は1000坪以下

休日
- 生活必需品は平日に買ったからいらない
- 家族で出かけるから、楽しく時間消費できる施設がいい
- 家電や家具、ブランド品を見たい

専門品買回り品＋時間消費型地域一番モール
- かつての百貨店の機能を果たす、専門品・買回り品の品揃え、テナント構成
- ファミリー層（含む3世代）の時間消費の場
- 中心市街地の代替機能も取り込む

物スタイルが地方で生まれたのです。

　地方で起こったこうした動きは少しずつ拡大して、今では大都市の郊外にまで及んでいます。食品スーパー、ドラッグストア、100円ショップ、ホームセンターなどさまざまな組み合わせのモール型出店が増えていきました。そして、それまでの「休日に総合スーパーでまとめ買い」というスタイルは崩れていきます。生活必需品ニーズを専門店チェーンに奪われたことは、総合スーパーの集客力に、大きなダメージとなりました。これにより、総合スーパーの衰退は決定的なものとなったのです。

Chapter4
08

郊外型大規模複合施設で専門店との共存

専門店に圧され始めた総合スーパーは、専門店をテナントとした大型ショッピングモールを作って共存を図りました。しかし、専門店を成長させる出店場所を提供しただけに終わり、業績回復には至りませんでした。

専門店との共存を試みた総合スーパー

1990年代以降の専門店の成長に押された総合スーパーは、自社の店舗を核にして専門店をテナントとして配した大型ショッピングモールを作ることで、共存を図ろうとしました。

代表的なのはイオンモールですが、総合スーパーの何倍ものスペースを用意して、大量の専門店テナントを入れた大規模複合施設を建設することで、地方において総合スーパーが生き残るモデルを作り出すことに成功しています。今や、地方においては、最も人が集まっている場所は中心市街地ではなく、こうした大型ショッピングモールであり、今やその地位が入れ替わったといっても過言ではないでしょう。

「ハレの日」需要を取り込んだ大型ショッピングモール

大型ショッピングモールが成功したのは、専門店が作る平日の「生活必需品ワンストップショッピング」と、うまく棲み分けすることができたことにあるのかもしれません。平日に生活必需品を揃えることができるようになった消費者は、休日には「ハレの日」消費を求めるようになっていきます。大型ショッピングモールが消費者に提供するものには物販という機能だけではなく、テナントによるさまざまなサービスも含まれています。フードコート、シネコン、イベント広場、カフェ併設書店、生体ペットコーナー、親子で一緒に遊ぶ遊戯施設など、今や、ショッピングモールは「コト消費」を提供するテナントの散在感が大きいのです。こうして大型ショッピングモールは、休日の「ハレの日」需要の受け皿として、地方ではなくてはならない存在となって生き残ったのです。

ハレの日需要
特別な日や非日常を演出するための支出。まさに生活必需品とは対極にあるキーワード。

▶ 総合スーパー部門別売上と専門店チェーンの売上比較

1990年

単位：億円

企業名（部門、業種）	売上高
ジャスコ（衣料品）	4,631
イトーヨーカ堂（衣料品）	4,108
ダイエー（衣料品、身のまわり品）	3,724
ニチイ（衣料品）	3,111
ジャスコ（住居余暇関連）	2,973
ベスト電機（家電）	2,057
ダイエー（レジャー関連用品）	2,001
ニチイ（住居その他）	1,675
チヨダ（靴）	1,441
ダイクマ（総合DS）	1,336

2014年

単位：億円

企業名（部門、業種）	売上高
ヤマダ電機（家電）	18,940
ファーストリテイリング（カジュアル衣料）	13,829
ドン・キホーテ（総合DS）	6,124
しまむら（カジュアル衣料）	5,019
マツモトキヨシ（ドラッグ）	4,954
イオンリテール（住居余暇）	4,394
DCM（ホームセンター）	4,342
ニトリ（家具）	3,876
大創産業（100円ショップ）	3,763
イオンリテール（衣料品）	3,680

総合スーパーの売上は専門店チェーンの売上規模におよばない

出典：流通経済研究所「流通統計資料集」及び各社IR資料よりみずほ銀行産業調査部作成

👉 ONE POINT

専門店に軒を貸して
母屋を取られた総合スーパー

総合スーパーが作り出した地方の大型ショッピングモールは大成功しましたが、総合スーパー業態の問題が解決したわけではありません。モール運営事業としては成功しましたが、総合スーパーの売上が大きく改善することはありませんでした。結果としては、専門店チェーンの新たな出店場所を提供したに過ぎませんでした。依然として、企業としても売上規模では大きい総合スーパーですが、専門ジャンルの商品だけを比べれば、専門店チェーン大手の売上規模は総合スーパーをはるかに上回る存在となっていました。まさに、軒を貸して母屋を取られる、とはこのことでしょう。

Chapter4
09

ネットインフラの整備による
ECの台頭

小売業の運命を大きく左右する立地環境が、また大きな変化を迎えています。ECというバーチャルな立地への適合が今後の大きな課題ですが、大家ともいうべきECプラットフォーマーは一筋縄ではいきません。

ECとはネット上に生まれた新たな立地環境

ECプラットフォーマー
ECに関するサービス、情報提供の場を作り出して、多くの参加者を集めることで支配的な地位を確立しているネット企業で、アマゾンが代表格。

　今また立地環境の変化が進行しつつあります。それは、リアルの立地に加えて、ネット上でECによるバーチャル立地の存在感が急速に拡大したことです。リアル立地と同様、バーチャル立地も「人通り」が重要なので、ECサイトを立ち上げたからといって、すぐにモノが売れるわけではありません。ネット上でも、検索の上位に上がってこないサイトは、消費者にとって存在しないと同じだからです。

　そのため、Amazonや楽天といったECプラットフォーマー運営のECサイト内へ出店することで、消費者にアプローチするというのが一般的なのですが、当然ながら、彼らはビジネスとして一定の「場所代」を徴収します。サイトへの来店者を増やそうと思えば、それに応じた費用もかかります。いわば、リアル店舗の賃借料のようなものです。

バーチャル立地の大家はリアルほど甘くはない

　リアルでも、大型ショッピングモールの運営会社は厳しい採算管理を行っており、テナントの売上比例で賃料を払う必要があります。また、商業施設にとって客寄せとなるようなテナントには安く、そうでないテナントには高い料率を要求するのが一般的です。ただ、ECプラットフォーマーの集客規模の大きさは、大型モールとは比較にならず、権限はより強大です。少し前に、楽天が出店者に対して送料無料化を要求して、一部の出店者と争議になったことが話題になりました。既にバーチャル立地は、ECプラットフォーマーの寡占状態となっており、一筋縄ではいかない大家なのです。

▶ リアル立地とバーチャル立地の違い

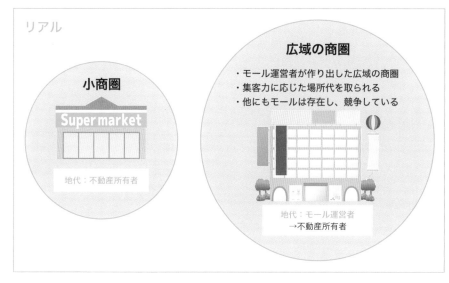

リアル

小商圏

Super market

地代：不動産所有者

広域の商圏

・モール運営者が作り出した広域の商圏
・集客力に応じた場所代を取られる
・他にもモールは存在し、競争している

地代：モール運営者
→不動産所有者

バーチャル

バーチャルで無限大の商圏

・ECモール運営者が創造したバーチャルな立地
・全国どこの消費者にもアプローチ可能
・数社のECプラットフォーマーが寡占している状態
・この立地に依存することは、生存権のすべてを握られてしまう

EC手数料：ECモール運営者
理論的には運営者の言い値になる可能性も

閉店物件の受け皿として成長した小売業もある

店舗閉鎖のコスト負担は大きい

小売業の業態はその時代の移り替わりとともに、消費者のニーズと合わなくなっていくので、閉店を余儀なくされることも少なくありません。そのため、小売業においては、スクラップ＆ビルドといって、新しい店舗を出店しつつ、陳腐化した店を閉鎖するという政策を継続的に実施するのが基本です。

しかし、店舗を途中で閉鎖するには違約金や原状復帰費用等が必要になります。こんなとき、現状のままで、閉店後の店舗を利用する企業があれば、撤退する企業にとっても参入する企業にとってもありがたい話です。こうした閉店物件に出店（居抜き出店）することを得意とする業態があります。

閉店物件引受で成長したドンキ

まっさきに思い浮かぶのは、百貨店や総合スーパーの閉店跡に出店して、人気店を作ってしまうドン・キホーテです。ドンキは人通りの多い繁華街はもちろんですが、地方の百貨店跡地でさえ、自社の集客力で補うので、業界では救世主的に重宝されています。もちろん、その顧客層は特定の層に限られているため、人口規模に応じた数しか出店しません。

駅周りの百貨店、駅ビルといったスペースでは、カメラ系家電量販店も多くの居抜き出店実績を持っています。ヨドバシカメラマルチメディア横浜店が老舗百貨店三越横浜店であったことを知る人も今や少ないかもしれませんが、当時の横浜駅周辺の買物動線を大きく変えたと話題になりました。

店舗のタイプによって、得意な物件のパターンが異なります。ロードサイド型は家電量販店に、ホームセンターなどの大型店はブックオフ、ハードオフといった中古品流通業に、中小型のスーパーや紳士服専門店は業務スーパーや百円ショップなどに転換されることも多かったようです。

第 **5** 章

各業態の知識　百貨店

かつての小売の王者、百貨店はその地盤沈下に悩んでいます。その衰退の歴史や要因についても振り返りつつ、各社の生き残り戦略についても取り上げています。

百貨店の市場規模推移と主要プレイヤー

Chapter5 01

90年代以降、百貨店は市場縮小が続いており、顧客層の新陳代謝も停滞しています。大都市圏ではインバウンドの追い風もあり存在感を保っていますが、地方百貨店の状況は極めて厳しい状況です。

百貨店市場規模は90年代以降縮小傾向が続く

　1991年をピークに、12兆円規模であった百貨店市場規模は、ほぼ一貫して右肩下がりで推移し、2019年には6.3兆円と半分程度にまで落ち込んでいます。90年代に縮小傾向に転じた百貨店は、売れ筋であったシニア女性向けの婦人服に売場をシフトし、紳士服、家電、家具などの商品を削減していきました。また2000年代からは海外ブランド品の取り扱いを強化するなどして、減収に歯止めを掛けようとしましたが、減収傾向は止まりませんでした。シニア女性ニーズへのシフトは結果的には、百貨店の商品の幅を狭めただけでなく、男性客や若者、ファミリー層の足を遠ざける結果となってしまったのです。その後、婦人服の市場縮小が続くようになると、顧客層を自ら絞り込んだ百貨店は、さらに力を失っていきます。中でも、地方百貨店は地方都市中心市街地の衰退もあって、急速な減収に追い込まれる企業が増え、店舗閉鎖、経営破綻を余儀なくされるという事例が増えていきました。2010年以降はインバウンド需要の取り込みがあり、特に「爆買い」がピークとなった2015年頃には経営が上向く時期もありましたが、その恩恵は地方まで及びませんでした。

中心市街地
都市機能の中心となっている街の中心街を指す。地方においてはモータリゼーションの進展から都市機能が郊外に分散しており、その存在感が急速に衰退していることが問題となっている。

大都市では存在感を保つも、厳しい地方百貨店

　百貨店業界の業態別売上ランキングは図表（P.97）の通りです。百貨店は1店舗当たりの規模も大きいため、店舗ごとの売上ランキングも調査されています。20位までのうち11店が東京23区、京阪神で5店、名古屋、横浜が各2店となっています。3大都市圏以外には上位店舗は存在していないのです。

　現在では、百貨店は大都市圏でないと成立しない業態となって

▶ 百貨店売上ランキング（2020年）

企業別売上ランキング

NO.	企業名	売上高（億円）
1	髙島屋	9,191
2	そごう・西武	5,894
3	三越伊勢丹	5,832
4	阪急阪神百貨店	4,504
5	近鉄百貨店	2,835
6	大丸松坂屋百貨店	2,539
7	東急百貨店	1,794
8	ジェイアール東海髙島屋	1,653
9	東武百貨店	1,382
10	小田急百貨店	1,285
11	天満屋	1,100
12	岩田屋三越	1,072
13	松屋	899
14	京王百貨店	869
15	井筒屋	661

店舗別売上ランキング

NO.	社名	店舗名	売上高（億円）
1	三越伊勢丹	伊勢丹新宿本店	2,741
2	阪急阪神百貨店	阪急本店	2,413
3	そごう・西武	西武池袋本店	1,824
4	ジェイアール東海髙島屋	ジェイアール名古屋タカシマヤ	1,653
5	髙島屋	大阪店	1,496
6	三越伊勢丹	三越日本橋本店	1,330
7	髙島屋	日本橋店	1,308
8	髙島屋	横浜店	1,295
9	近鉄百貨店	あべのハルカス近鉄本店	1,258
10	大丸松坂屋百貨店	松坂屋名古屋店	1,163
11	そごう・西武	そごう横浜店	1,089
12	東武百貨店	池袋本店	997
13	東急百貨店	本店・ShinQs	928
14	小田急百貨店	新宿店	918
15	髙島屋	京都店	896
16	大丸松坂屋百貨店	大丸大阪・心斎橋店	853
17	三越伊勢丹	三越銀座店	828
18	大丸松坂屋百貨店	大丸東京店	792
19	京王百貨店	新宿店	774
20	松屋	銀座店	763

出典：『百貨店調査年鑑2020年度版』ストアーズ社より筆者作成

しまいましたが、コロナ禍により大都市圏の昼間人口が減少し、インバウンドが消失している今、大都市でも百貨店は厳しい状況にあります。

Chapter5
02

百貨店の出自と
商業立地の変化による現況

百貨店は、その出自をみると、江戸時代からの老舗呉服商から転換した呉服系百貨店と、鉄道会社がターミナル駅の利用客へのサービス向上のために作った電鉄系百貨店の2類型に大別されます。

江戸時代創業の老舗　呉服系百貨店

エイチ・ツー・オーリテイリング
阪急阪神百貨店を運営する企業グループの持株会社。

J-フロントリテイリング
大丸松坂屋百貨店、PARCOを運営する企業グループの持株会社。

大手百貨店は今でこそ、三越伊勢丹、高島屋、**エイチ・ツー・オーリテイリング**、**J-フロントリテイリング**、そごう・西武の5社ですが、かつては多くの企業が存在していました。中でも、呉服系百貨店と呼ばれる、江戸時代の呉服商から発展した百貨店に松坂屋、白木屋（後の東急百貨店）、越後屋（後の三越）、大丸、高島屋、そごう、などがあり歴史ある老舗からの転換組なのです。その他、地方百貨店の中でも、川崎のさいか屋、福岡の岩田屋、仙台の藤崎、岡山の天満屋、福島の中合（なかごう）、甲府の岡島、盛岡の川徳、金沢の大和（だいわ）など、多くの名門地方百貨店も呉服系百貨店にあたります。

百貨店が長きにわたって小売業の名門とされたのは、こうした老舗としての「格の高さ」もあってのことです。呉服系百貨店は、一般的に旧市街の中心市街地に立地し、町全体の集客を担う存在になっていったのです。

鉄道立地を作り出した電鉄系百貨店

呉服系とは全く異なる発祥で、立地創造という考え方からできたのが電鉄系百貨店という類型でした。阪急電鉄グループの創始者である小林一三氏が、1920年代に鉄道の始点である梅田駅（現大阪梅田駅）に作った百貨店は、当時の乗降客数約12万人をベースとした、世界初の鉄道立地の百貨店です。以降、近鉄、東急、京王などの電鉄会社が駅立地百貨店に参入し、その後、1960年代にかけて、南海と西鉄を除くすべての大手私鉄（南海もなんば駅に高島屋、西鉄も天神駅に福岡三越を誘致している）が百貨店事業に参入するまでになりました。2019年時点の百貨店の店舗

▶ 呉服系百貨店

老舗呉服店

例：三越伊勢丹HD、Jーフロントリテイリング、高島屋

▶ 電鉄系百貨店

駅

例：エイチ・ツー・オーリテイリング、小田急百貨店

別ランキング上位20位も、11店舗を電鉄系または駅ビル誘致組が占めています。

　一方で、地方に関してはモータリゼーションの進展で、公共交通基盤が衰退したため、駅前立地は消失してしまい、ロードサイド立地に変わっていきました。しかし、東京圏、大阪圏の鉄道ターミナル駅は、その乗降客数を背景に、今でも日本で最も優良な立地であり続けています。大都市鉄道網が作った世界的にも珍しい鉄道ターミナル立地、そして、その後のモータリゼーションが生み出したロードサイト立地、日本の商業立地はこの二重構造となったのです。ターミナル立地でしか生きられない百貨店にとって、地方などでターミナル機能が低下したことは、業態としての衰退の要因となるのです。

Chapter5
03

百貨店市場低迷の背景

かつてファミリー層が休日を過ごす場所だった百貨店は、ショッピングセンターなど他の選択肢に、顧客を奪われてしまいました。快適な競合施設が増えている中、百貨店の対抗策は未だ見つかっていません。

⚲ ショッピングセンターに奪われた若年層、ファミリー層

　百貨店の市場規模は90年代以降、継続的な縮小が続きましたが、その最大の背景としては若年層やファミリー層などの需要が、百貨店以外の商業施設に分散したのだと考えられます。他にも、正確なデータはありませんが、中元歳暮の長期的な需要縮小、外商顧客の高齢化による需要縮小などの影響も大きいと言われています。

　昭和の時代には百貨店とは休日に家族で行って一日かけて時間を過ごす場所でした。そのため、買物をしているお母さんを待っている間、お父さんと子どもが時間をつぶすための遊園地が屋上にあり、一家そろって最上階の大食堂でランチをする、というのが一般的な昭和の百貨店の姿でした。

　現在は、若い層向けには、ECサイトがあり、友人と時間を過ごすのであれば、さまざまなショッピングセンターやファッションビルがあります。そうなると百貨店の顧客層は昭和のユーザーであったシニア層ばかりとなり、新陳代謝が行われなくなったまま、時間の経過と共に急速にアクティブな顧客が減っていくという危機的な状況にあるということになります。

⚲ 都市周辺にも増えてきたショッピングセンター

　図表（P.101）に見る通り、百貨店売上が着実に落ちていくのに対して、ファミリー層、若年層の消費者が分散したとされるショッピングセンターの売上は2000年代以降、着実に伸びていることが見て取れます。特にファミリー層の休日の「時間消費」に選ばれているのは郊外の大型ショッピングセンターになりました。かつて、大型ショッピングセンターは出店余地のある地方が中心

時間消費
消費の形態としてモノを買って消費するだけではなく、快適な時間を過ごすことに対してお金を払うという消費のやり方。

▶ **百貨店とショッピングセンターの売上高**

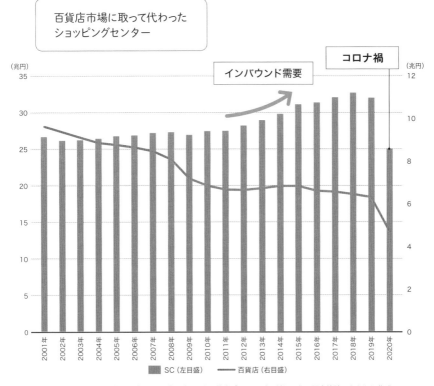

百貨店市場に取って代わった
ショッピングセンター

インバウンド需要

コロナ禍

出典：経済産業省「商業動態統計」、日本ショッピングセンター協会「ショッピングセンター販売統計」をもとに作成

でしたが、2000年代以降は、大都市郊外や周辺部の大規模工場跡地が再開発され、都会の消費者にも身近な存在になりました。

　例えば、川崎駅前のラゾーナ川崎（2018年売上953億円）、大阪駅前のルクア大阪（同841億円）、船橋湾岸エリアのららぽーとTOKYO-BAY（同787億円）など大都市近場に百貨店の基幹店クラスの売上規模を持つショッピングセンターがたくさんできています。百貨店はこうした顧客層の新陳代謝を事実上あきらめ、大都市中心部ならではのインバウンド需要取り込みに大きくシフトしました。コロナ禍で消失したインバウンド需要が、アフターコロナに復活したとしても、その他の国内需要を今後どう取り込んでいくのかは、未だに解決できていない百貨店の経営課題なのです。

<table>
<tr><td>Chapter5
04</td></tr>
</table>

百貨店の成長と衰退の遠因
消化仕入

成長期の百貨店は、在庫リスクと売場人件費の負担をアパレルに負担させる、消化仕入という商習慣に安住しました。消費低迷期に、そのツケが競争力の低下としてかえってくることになったのです。

在庫リスクなしで増収　消化仕入という麻薬

　戦後から高度成長期にかけて百貨店は、唯一の大型店として圧倒的な販売力を誇っていました。メーカーや卸売業にとって、百貨店に自社製品の売場を確保することが、成長の近道でしたが、百貨店との取引を拡大することは競争も激しく、簡単なことではありません。そこで、一部の**アパレルメーカー**は、百貨店の在庫リスクを極小化する消化仕入という取引方法を生み出しました。消化仕入とは大まかにいえば、百貨店売場に陳列中の商品はアパレルメーカーの置き在庫であるとし、販売できた時点で百貨店への所有権移転と百貨店の売上計上を同時に行うという取引方法です。これにより百貨店は実質在庫リスクを負担しなくてよくなりました。

　加えて、アパレルは売場の販売員も派遣するというサービスを提案することで、百貨店の人件費さえも自社で負担したので、百貨店の売場を急速に拡大することに成功し、急成長することになりました。これ以降、百貨店との取引においては、消化仕入が慣行となっていきました。

　百貨店はリスクなく新しい商品を次々と提供することができたため、売上にも大いに貢献しましたし、アパレルは百貨店売場を活用して大いに売上を伸ばすことができ、結果として双方共に十分な収益を挙げることができたのです。

リスクを負わない商売で失った商人の魂

　しかし、90年代以降、百貨店の売上が低迷を続けるとアパレルは、売れ残りによる在庫ロスの負担がどんどん重荷になっていきました。ロス分を見越した価格設定を行うため、価格が高止ま

アパレルメーカー
衣料品を企画・製造し、小売業に卸す事業者。自らは工場を持たずに企画製造した製品の生産を管理する卸売業のような立ち位置。

▶ 消化仕入のイメージ図

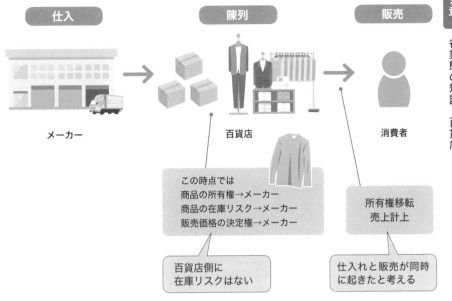

仕入

陳列

販売

メーカー

百貨店

消費者

この時点では
商品の所有権→メーカー
商品の在庫リスク→メーカー
販売価格の決定権→メーカー

百貨店側に
在庫リスクはない

所有権移転
売上計上

仕入れと販売が同時
に起きたと考える

ったり、品質が低下するという悪循環が始まります。その時期は消費者の所得環境も悪化しましたので、多くの消費者が低価格指向へシフトしました。

　やがてコストパフォーマンスを訴求する紳士服チェーンやカジュアルアパレルチェーンが郊外から勃興して、消費者の支持を奪っていきます。百貨店は巻き返しのため、自社でリスクをとった買取商品を自社企画で売るという方針に戻そうともしましたが、結局は売れ残りロスに耐えかねて、画期的な改革を進めるには至りませんでした。また、長らく自社の目利きでリスクをとって仕入れるというやり方を放棄していましたので、バイヤーの知見が低下していたとも言われています。

　百貨店というブランド、顧客の信頼に胡坐をかいて、自らの商品へのこだわりが薄れてしまった百貨店は、在庫リスクを他社に押し付けたまま、その本来持っていたはずの仕入力も失っていきました。

地方百貨店の相次ぐ閉鎖とその背景

地方がクルマ社会化したことで衰退した中心市街地と運命共同体の地方百貨店は苦境に陥り、閉店や破綻が相次いでいます。今後は地域の再生に積極的に関与して共に活性化を図ることが求められます。

衰退した中心市街地と運命共同体の地方百貨店

1990年代以降、百貨店売上は縮小に向かいましたが、特に地方百貨店の市場規模縮小は著しく、地方百貨店の閉店や経営破綻が相次ぐことになりました。近年では大都市圏ではインバウンド効果などもあり下げ止まりを見せているのに対し、地方は歯止めがかからない状況です。

長期的な背景としては、地方経済の停滞、人口減少・高齢化の進行が先行して進んでいることなどがありますが、こと地方百貨店の停滞に関しては、地方におけるモータリゼーションの進行が中心市街地の衰退に直結したという要因が大きいと考えられます。中心市街地自体が衰退してしまっている街では、百貨店も衰退していくしかないのです。

中心市街地と一体となった活性化が求められる

地方でも、公共交通機能が維持されている政令都市クラスの中心市街地は、その求心力が相応に維持されていますが、中核都市規模の地方都市では極めて厳しい環境であることは、想像できると思います。こうした中でも、例えば、市内電車、路面電車を維持している都市では、地方百貨店がある程度、存在感を保っているという傾向もあります。都市の商業インフラでもある地方百貨店が、今後も存続していくためには、百貨店の企業努力だけでは難しいのかもしれません。

熊本市は百貨店のある中心市街地とバスターミナル、JR熊本駅という3つの中心がありますが、近年、地元バス会社が大手旅行会社HISの傘下となったこともあり、バスターミナルを大型商業施設として再開発しました。また、九州新幹線の通った熊本駅

▶ 百貨店販売額　大都市と地方の動き

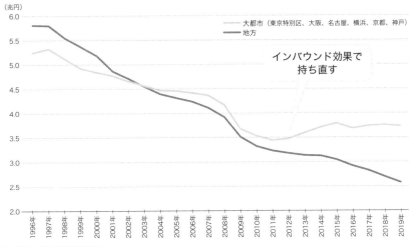

(兆円)

大都市（東京特別区、大阪、名古屋、横浜、京都、神戸）
地方

インバウンド効果で
持ち直す

出典：経済産業省「商業動態統計」

▶ JR駅直結の大型商業施設

JR熊本駅直結の「アミュプラザ
くまもと」（2021年4月オープン）
出典：JR熊本シティ

直結のJRの大型商業施設が2021年4月にオープンしました。こ
れらの3地区は市内電車、バスで結ばれていますが、街としては
その相乗効果で中心市街地全体の活性化を目指しています。地方
百貨店は、こうした地域のまちづくりに積極的に参画し、中心市
街地の機能維持に協力することで、生き残りの可能性を模索する
べきなのでしょう。

Chapter5 06

インバウンド需要の受け皿としての新たな可能性

コロナ禍で消失してしまったインバウンド消費ですが、アフターコロナに訪日外国人客は必ず戻ってきてくれるはずです。その時、彼らのデスティネーションとなれるようマーケティングを続けるべきでしょう。

アフターコロナに復活する訪日外国人客

デスティネーション
旅行先、旅行目的地。インバウンドの文脈では訪日外国人客の訪問先という趣旨で使われる。

　売上の低迷に苦しむ百貨店にとって、インバウンド需要は大都市圏では貴重な追い風となっていました。2019年の百貨店年間免税売上は3,461億円（日本百貨店協会調べ）と過去最高を記録し、協会加盟社年間売上の8.2％を占めるまでに大きな存在となっていました。

　コロナ禍で2020年以降は事実上、消失してしまったインバウンド需要ですが、来るべきアフターコロナ期においては、ある程度の時間は要するにしても、復活することは間違いないでしょう。2015年頃の訪日中国人客による「爆買い」のような状態にはならないでしょうが、訪日外国人客数が増加基調に戻るのであれば、百貨店が相応の需要を想定して、対応する体制を整えておくことは必要でしょう。

目指せ、インバウンドデスティネーション

　ただ、インバウンド需要の支出費目が買物よりもサービス支出に移りつつあったこと、大都市から地方に分散しつつあったという傾向については留意しておく必要があるでしょう。コロナ前、ドン・キホーテは、訪日外国人の日本におけるデスティネーションの一つと位置付けられていました。外国人観光客にとって珍しいドンキ空間を見物することが訪日の目的にまでなっていましたので、爆買い終息後も、来店客の増加傾向が続きました。自社の売場を「ジャングルのような魔境」とするというドン・キホーテの店舗は、圧縮陳列や手描きPOPなど五感が刺激される空間演出で、宝探しをしているかのような楽しさがあります。「魔境」を実体験するうちに衝動買いをしたくなる魅力が、総売上の5％

▶ 百貨店大手3社の免税売上比率

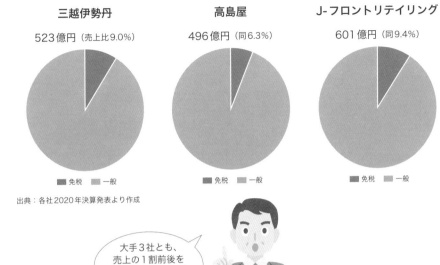

三越伊勢丹
523億円（売上比9.0%）

高島屋
496億円（同6.3%）

J-フロントリテイリング
601億円（同9.4%）

■ 免税　■ 一般

出典：各社2020年決算発表より作成

大手3社とも、売上の1割前後をインバウンドに依存しています

▶ ドン・キホーテの店舗

所狭しと並べられた商品とにぎやかな販促物が特徴的。魔境空間で宝探しをしているうちに、衝動買いしてしまうという店舗は、世界でも類を見ない
出典：PPIH

に相当するグループ免税売上につながっています。

　百貨店が同じことをすべきということではありませんが、今後インバウンド支出が地方へ分散する見込みである以上、まずは自社の店舗に立ち寄ってもらえるような魅力を作り出さなければなりません。銀座にあるから、なんばにあるから、という立地以外の来店動機を提案していく必要があるということです。

生き残りを賭けた新たな戦略

テナント化により商業施設として生き残ろうとするJフロント、高島屋と、デジタル武装によって外商機能を汎用化しようとする三越伊勢丹、いずれにせよ、今までの延長線上に、百貨店の未来はないのです。

商業施設としての生き残りを目指すテナント化

低迷する百貨店業界ですが、決して手をこまねいていたわけでなく、生き残るための方針転換を進めつつあります。近年の百貨店は減収傾向が続き、固定費割合の上昇が課題となってきました。業界の大手J-フロントリテイリングは、こうした**固定費を流動化**することで、収益の改善を図っていこうと、百貨店売場のテナント化に大きく舵を切りました。それと同時に、松坂屋銀座店の跡地にはショッピングセンターGINZA SIXを開業し、また、ショッピングセンター運営のPARCOも傘下に収めました。2019年9月にリニューアルした大丸心斎橋店においては、全体の65％をテナントで構成する「革新的ハイブリッド型ビジネスモデル」を導入し、翌年11月には隣接する北館を改装して心斎橋PARCOを出店しました。こうして、ショッピングセンター化への移行は着実に進んでいます。

ショッピングセンターでは実績のある高島屋も同様であり、その施策である「まちづくり戦略」で、新たな都市型ショッピングセンターを事業の軸とすることを公表しています。

デジタル武装で外商機能を汎用化する

こうした動きと一線を画すのが、自社売場の運営力に定評がある三越伊勢丹で、デジタル化によるO2O（オンラインtoオフライン）を軸とした戦略を打ち出しています。大まかにいえば、全商品が買えるEC環境を構築し、スマホアプリなどのデジタルな顧客接点を強化した上で、得られる顧客データを活用してリアル店舗での接客に活用していくということです。ECやアプリの閲覧履歴、購買履歴が個人台帳に残り、来店時にはその情報を踏ま

固定費の流動化
売上の変動に関係なくかかる経費（人件費などの固定費）を外注化などにより売上に連動する費用に変えていくこと。主に売上減少局面で採用される。

高島屋のショッピングモール事業
高島屋はグループ企業として東神開発という企業があり、玉川高島屋ショッピングセンターなどの運営で古くからショッピングセンター運営に実績がある。

O2O
オンラインtoオフライン。オンライン起点でオフラインへの購買誘導を行うことだが、三越伊勢丹ではオンライン、オフラインの双方がシームレスに連携し、収集したデータ活用で顧客理解を深め、顧客への提案力を高めるという解釈。

▶ 百貨店のビジネスモデル転換①テナント化

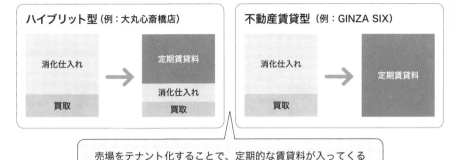

売場をテナント化することで、定期的な賃貸料が入ってくる

▶ 百貨店のビジネスモデル転換②デジタル化

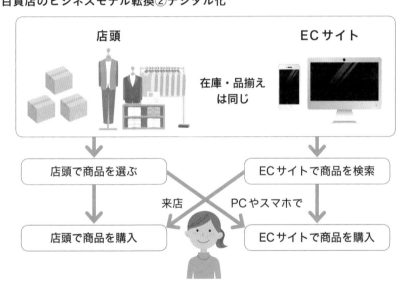

えた接客提案を行います。これこそ、デジタルインフラを使って外商サービスを一般客にも拡張しようとするものです。

　外商は、富裕層などのお得意様を担当するコンシェルジュで、百貨店の精鋭部隊です。三越伊勢丹は、この接客ノウハウを、デジタルインフラのサポートにより汎用化することを目指しているのです。これこそ小売デジタル化の本質的目標であり、王道を目指す三越伊勢丹の気概が伝わる挑戦です。

　どちらの方向性が成功を収めるのかは、まだわかりませんが、少なくとも、今までの延長線上には百貨店の未来はないのです。

百貨店の売場の構造

フロア戦略

百貨店では顧客に来てもらうための工夫として、デパ地下（地下の食品売場）と上層階の催事場を活用した売場構成になっているのが一般的です。デパ地下は、地下に食品売場を作り、百貨店ならではの惣菜、ギフト用菓子や生鮮品をさまざまに取り揃え、集客を競っています。これは買物の頻度が高い食品で魅力的な売場を作ることで来店してもらい、そこから上層階にまわって、婦人服などの主力商品をついで買いしてもらおうという狙いがあるからです。こうした動線づくりは噴水効果と呼ばれています。

また、上層階には催事場や美術館、展示会場などを置いている百貨店も多いです。例えば、うまいもの展、銘品展、美術館催事などといった催事を行って来店してもらい、催事を楽しんでもらった後、階を下りながら主力商品のついで買いをしてもらうための仕掛けです。地元密着の地方百貨店では加えて、小学生の絵や書道などの展示会などを行うと、親戚一同が見に来てくれるので、大変集客効果があるということです。このように上層階に来店する理由を作って下の階に下ろしていく動線づくりはシャワー効果と呼ばれています。

特に重要な入口フロア

さらに入口のある階の売場構成も重要です。基本的には、美容部員をおいて対面販売する化粧品売場、海外ブランド売場から成っています。百貨店ルートでしか売らない化粧品テナントを集めて、なるべく他社にはない商品を置くことで差別化を図る努力をしています。また、他店には入っていない海外高級ブランドを誘致することも、有力顧客を呼び込む差別化要因になります。

このように百貨店は、デパ地下、催事、そして入口階を集客の大きな柱として、他社とは差別化した売場構成を整えることに相当なエネルギーを注ぎ、テナント争奪戦をしているのです。売場やイベントの独自性や斬新さには、百貨店の相対的実力が反映されているといっても過言ではないのです。

第6章

各業態の知識
スーパーマーケット

鮮度重視の消費環境によって、上位集約が進まなかった食品スーパーは地域ごとに多様な企業が存在しています。しかし、技術革新と共にプロセスセンター化が進んでいくと、急速な淘汰が進む可能性もあります。

スーパーの市場規模推移、主要プレイヤー

スーパーの市場規模は、総合スーパーの非食品部門が専門店に奪われつつあり減収続き、食品の増収で横ばいを維持しています。食品増収を支える地方の有力食品スーパーの存在感は大きくなっています。

非食品減収を食品増収で補う総合スーパー

スーパーマーケット
総合スーパー、食品スーパー、ディスカウントストアなど。

　日本の<u>スーパーマーケット</u>の市場規模は、1990年代までは成長を続けていましたが、2000年代以降は13〜14兆円程度で、ほぼ横ばいで推移しています。ただ、その売上の構成はかなり変わってきており、食品がずっと増えているのに対して、非食品の売上は入れ替わるように減少が続き、結果、売上が横ばいとなっています。これは、総合スーパーの非食品売上の減少傾向と食品スーパーが好調に売上を伸ばしていることの反映だと考えられます。総合スーパーの売上は、現在も専門店チェーンに奪われつつあり、食品に関しても食品スーパーという専門店チェーンが総合スーパーからシェアを奪いつつあります。総合スーパーと食品スーパーの商品別売上構成は、図表（P.113上）の通りです。「総合」といっても今では衣料品や住関品といった非食品の割合は3分の1程度に過ぎず、食品中心の売場に変更しつつある店舗が増えており、食品へのシフトはますます進むとみられます。

存在感を増す地方の有力食品スーパー

アークス
北海道のラルズ、福原という中堅スーパーの統合からスタートし、東北地方の有力スーパーも参加する売上5000億円規模のスーパー。

CGC
Co-operative Grocer Chain共同食品仕入チェーン。

　業界の主要プレイヤーとしては、図表（P.113下）のランキングの通りです。3位のイズミは総合スーパーとして、増収基調にある唯一の企業であり、「ゆめタウン」というショッピングモールを展開し、中四国、九州エリアではイオングループのライバルとして自他ともに認める存在となっています。また、ディスカウントストアとしてドン・キホーテとトライアルカンパニーの2社がベスト10入りしています。

　8位の<u>アークス</u>は、北海道の地方スーパーが経営統合して大手流通グループに対抗するために結成され、今では東日本の<u>CGC</u>

▶ 総合スーパー、食品スーパーの売上構成表

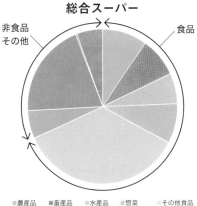

総合スーパー

■農産品　■畜産品　■水産品　■惣菜　■その他食品
■衣料品　■住関品　■サービス　■その他

出典：チェーンストア協会「販売統計」より作成

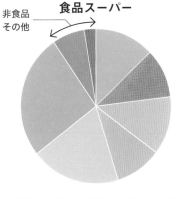

食品スーパー

■青果　■水産　■畜産　■惣菜　■日配
■一般食品　■非食品　■その他

出典：日本スーパーマーケット協会、全国スーパーマーケット協会、オール日本スーパーマーケット協会「販売統計」（2020年12月）より作成

▶ スーパー売上ランキング（2020年）

順位	企業名	業態	売上高（億円）	本社
1	イオンリテール	総合スーパー	21,925	千葉
2	イトーヨーカ堂	総合スーパー	11,851	東京
3	イズミ	総合スーパー	7,443	広島
4	ライフコーポレーション	食品スーパー	7,147	大阪
5	ドン・キホーテ	ディスカウントストア	7,040	東京
6	マックスバリュ西日本	食品スーパー	5,430	広島
7	ユニー	総合スーパー	5,219	愛知
8	アークス	食品スーパー	5,192	北海道
9	トライアルカンパニー	ディスカウントストア	4,834	福岡
10	ヤオコー	食品スーパー	4,605	埼玉

地方企業が多くランクイン

出典：各社IR資料より筆者作成

加盟企業が加わって大きな存在感を持つようになりました。スーパーのランキングを見てわかるのは、地方企業がかなりの数、ランクインしているということです。スーパーは現在、「県予選」がほぼ終わり、「地方大会」が行われているといったイメージです。地域の有力企業が、隣の地域の有力企業やイオングループと激突してそのシェアを争っている状況です。

Chapter6 02

高度成長と共に成長して小売の王者になった総合スーパー

仕入と在庫の回転差が生む資金を活用してスピード出店、駅前開発で不動産価値を上げ、担保余力を借入してさらに出店するという錬金術を発明したダイエー。しかしバブル崩壊ですべてが逆回転します。

回転差資金と担保余力を活用したスピード出店

　　総合スーパーは高度成長を背景に成長し、全国展開を実現することで1970年代から80年代まで、小売の王者として君臨していました。この時代には全国各地にスーパーが勃興していましたが、その多くはトップ企業ダイエーを模倣したものでした。ダイエーの勝因は、スーパーとしての売場作りというよりは、資金調達のうまさと、駅前立地へのスピード出店にあったといえます。ダイエーが活用した資金調達としては、回転差資金調達と不動産担保余力の活用が知られています。

　　回転差資金とは、仕入れ代金の支払いと売上の入金との間にある時間差で生じる資金のことです。店舗を出店する場合、商品を仕入して品揃えするのですが、仕入代金支払いは2～3か月後というのが業界慣習です。一方、開店してすぐ売上が現金で入りますから、在庫で半月分は残るとしても、売上2か月分程度の資金が先に手に入ることになります。そうなると新店出店が多いほど手元に回転差資金が集まります。「月間仕入れ4億の新店×回転差2か月×年間10店出店＝80億円」といった資金が手元に入るのです。

業績低迷時にすべて逆回転したダイエーモデル

　　不動産担保余力について説明します。例えば、まだ開発が進んでいない駅前に10億円の土地を買って5億円で店舗を建てたとします。先ほどの回転差資金の中から5億円を出して、10億円を借入調達すると、その不動産には銀行の担保（通常は根抵当権）がつきます。新店舗が開店して大繁盛すると、その駅の周辺の人通りは急速に増加するとともに駅の周辺にはほかの店やマンショ

根抵当権
借主が借入などの債務を弁済できなくなった場合に、担保物件として契約した不動産を処分して、他の債権者に優先して弁済を受けることができる権利。不特定の債務に対して、一定の金額上限（極度額）を定めてその範囲で弁済に充てることを定めた担保契約。

不動産担保余力のイメージ図

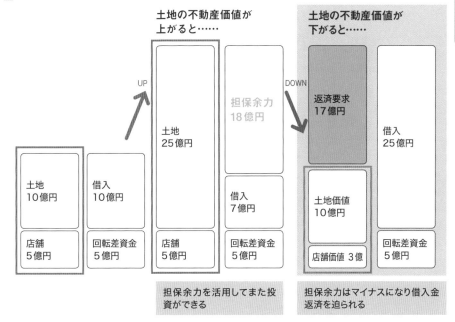

土地の不動産価値が上がると……

UP

担保余力 18億円

土地 25億円

借入 7億円

店舗 5億円

回転差資金 5億円

土地 10億円

借入 10億円

店舗 5億円

回転差資金 5億円

担保余力を活用してまた投資ができる

土地の不動産価値が下がると……

DOWN

返済要求 17億円

土地価値 10億円

店舗価値 3億円

借入 25億円

回転差資金 5億円

担保余力はマイナスになり借入金返済を迫られる

ンも増えていきました。3年後、15億円で投資した店舗の不動産価値は開発効果などで25億円に上昇、借入は返済が進んで7億円になっていると、　25億－7億＝18億円が不動産担保余力であり、その分18億円をまた銀行から借りることができました。さらに投じれば……といった不可思議な状況が、総合スーパーの全盛期を支えていたのです。ダイエーが発明した錬金術のような資金調達は、各地で模倣者を生み、同様のやり方で出店競争が繰り広げられました。

　こうして、ビジネスモデルが不動産投資と化した総合スーパーは、本来持っていた商品の目利きやマーケティングの力を失っていきました。その後、バブル崩壊後の消費低迷と金融危機では、こうしたビジネスモデルはすべて裏目に出ました。売上が下がって手元の現預金が減少、業績も悪化するので新規借入はできなくなり、不動産価値が下落して担保余力はマイナスになり、借入金返済を迫られるようになりました。こうして、資金繰りが破綻したダイエーやその模倣型企業は、退場を迫られることになったのです。

Chapter6
03
バブル経済崩壊と金融危機で大規模再編へ

バブル崩壊後の消費低迷と不動産価格の下落によって資金繰りが悪化したスーパーの多くが破綻に追い込まれました。近年も業績が停滞する総合スーパーの再編が再燃しつつあります。

バブル崩壊と金融危機で大手スーパーも破綻

　バブル経済が崩壊して消費が低迷するようになると、加熱していた不動産市場も一気に価格下落に転じ、多くのスーパーが深刻な経営危機に追い込まれました。過剰な借入によって規模の拡大を進めてきた企業は、2000年代に業績の悪化と担保不足によって資金繰りが厳しい状態となったのです。同時に進行していた金融危機により、頼みの銀行は支援するどころか、資金回収に走りました。借入過多のスーパーの多くは、経営が破綻したり、経営統合せざるを得なくなりました。これにより、スーパーは大再編の時代に入り、多くの企業が消えていくことになりました。この時期にダイエー、西友、ニチイ（マイカル）といった当時の大手企業も経営が行き詰まりました。紆余曲折を経て、ダイエー、ニチイはイオン傘下に、西友は外資系小売業で売上世界一のウォルマートの傘下となりました。ダイエーと資本提携していた企業の多くもその保有株がイオンに移ったことから、イオン傘下となっていきました。これにより、スーパーの業界地図は大きく変化し、全国的にはイオンが圧倒的なシェアを持つようになり、エリア別にみても地域の有力スーパーvs.イオングループという構図となったのです。

2010年代以降も再燃する総合スーパー再編

　2010年代に入ると生き残り組の総合スーパーもライバルとの競争緩和に向かい、ゆるやかな再編も起こっています。2014年、関西地盤の総合スーパー、イズミヤは同じ関西の大手流通グループ、エイチ・ツー・オーリテイリングと資本提携、中四国の有力総合スーパー、フジもライバルのひとつであるイオンと2019年

ウォルマート傘下の西友
現在はSYホールディングスの子会社。大株主は、ファンドKKR65%、楽天DXソリューション20%、ウォルマート15%。

資本提携
資本参加を伴う業務提携のこと。一定の株式を保有することで、単なる業務提携より強い関係を構築できるが、株式保有の割合に応じて保有先の経営関与度（支配権）が大きくなる。

▶ バブル崩壊後のスーパーの再編

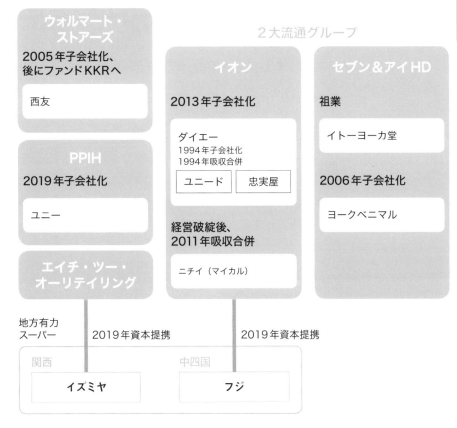

に資本提携しています。中部地盤の大手総合スーパー、ユニーも PPIH（ドン・キホーテを運営するグループ）の傘下に入りました。このケースは、ユニーグループだったコンビニチェーン、サークルK・サンクスとファミリーマートの経営統合にあたり、ファミマの親会社である伊藤忠商事の「総合スーパーはいらない」という意向と、PPIHの「総合スーパー買収意欲」が、うまく噛み合ったことによると言われています。いずれにしても、総合スーパーの業績低迷と回復への道筋が見えないことで、ふたたび再編が進んでいるということです。再編の極となるべき2大流通グループといえども、総合スーパー単体でほとんど利益を出せておらず、今後の方向性は十分には示されていないのです。

Chapter6
04

総合スーパーが生きられる立地

総合スーパーが生きていける場所は、今では限定的となり、地方・郊外では
ショッピングセンター、大都市圏では鉄道立地に絞られつつあり、単独で立
っている店舗はなくなりつつあるようです。

ショッピングセンターとの共存で生き残るイオン

　　総合スーパーの提供するワンストップショッピングに満足しな
くなった消費者は、地方や郊外では、平日に食品スーパーと専門
店集積の小さいモールで生活必需品を買い、休日は多彩な専門店
を集積した大型ショッピングセンターで、家族連れで買物をする、
という行動パターンに移行しました。そのため、地方や郊外では、
単独出店している総合スーパーの売上が低迷し、次々に閉店へと
追い込まれつつあります。総合スーパーが生きていける立地は、
大型ショッピングセンター内しかなくなってしまったようです。
総合スーパーを全国展開している国内唯一の企業であるイオンリ
テールは、基本的に大型ショッピングセンターのイオンモールと
の共存で、その命脈を保っていると言えます。

大都市駅前で生き残ったイトーヨーカ堂にも改革は必要

　　公共交通が衰退した地方では、総合スーパーが地方の駅前で営
業する風景は見なくなりました。しかし、首都圏、京阪神のよう
に、消費者の主要移動手段が公共交通であり続けている大都市圏
では、駅前が最も集客力の高い商業立地です。こうした地域では、
いまでも総合スーパーの店舗が、駅前の一等地に陣取っています。
　　中でも、首都圏のJR駅や私鉄急行停車駅などがその乗降客数
からみても最も優良な立地で、こうした場所を押さえているのが
イトーヨーカ堂です。イトーヨーカ堂は東京23区内の発祥企業
らしく、古くから首都圏の一番立地を着実に押さえてきており、
電鉄系スーパーより好立地に出店しています。これにより、総合
スーパー各社が業績を落とすなか、イトーヨーカ堂は相応の業容
を保つことができたのです。

▶ イオンリテールの店舗立地構成

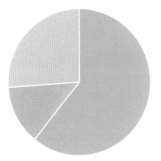

■ショッピングセンター　■専門店　■その他

> ファミリー層の集客が多い大型ショッピングセンターをメインに出店している

▶ イトーヨーカ堂の店舗立地構成

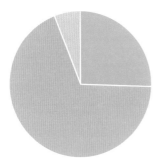

■ショッピングセンター　■専門店　■その他

STATION

> 大都市圏で最も集客力が高い駅前の立地を押さえている

　地方、郊外の大型ショッピングセンターの核店舗としてのイオンリテール、首都圏駅前の一番立地を押さえたイトーヨーカ堂、この両社は総合スーパーとして、集客力の高い立地を押さえることで、なんとか生き残ってきました。しかし、総合スーパーそのものが、既に時代遅れとなりつつある中で、両社が立地を盾にこの業態を維持していくのは、そう簡単ではなさそうです。イトーヨーカ堂は店舗構造改革としてテナント化、大規模改装を進める中で食品特化型への切り替えを進めています。こうした動きが続いていけば、総合スーパーの売場は、さらに少なくなっていくことになります。

Chapter6
05

総合スーパーの停滞とこれから

総合スーパーのテナント化はさらに進む方向にありますが、商業施設全体としては豊富な顧客接点が維持されるはずです。今後は商業施設として顧客データ獲得可能な接点をどれだけ強化できるかが課題になるのです。

食品＋必需品へ売場の絞り込みは進んでいく

　総合スーパーが長らく停滞していることは、前述の通りです。今後も非食品売場をテナント化していくという方向性には変わりはないでしょう。大都市圏の駅前立地の単独店に関しては、日々の買物ニーズへの対応が主ですから、食品を軸に、購買頻度の高い日用消耗品や家庭用雑貨などは残して、衣料品や住関連品などの回転の悪い商品は徐々にテナント化していくイメージです。

　特に、イトーヨーカ堂のように首都圏の一等立地を多数確保しているスーパーは、この立地を新たな商業施設として再開発するようになるでしょう。その場合、食品＋必需品の自社売場と、エリア特性に応じたテナントをミックスした大型商業施設を作ることになるでしょう。

今後を見据えたデジタル化対応が急務

　今後、総合スーパーが取り組むべきは、自社売場かテナントかといった話だけではありません。デジタル化時代に備えて、現在アナログな店舗環境のデジタル化を急ぎ、消費者との接点から得られるあらゆるデータを収集、分析、活用して消費者への提案に役立てなくてはならないのです。

　いわゆる店舗のデジタル化ですが、スーパーを中心に周辺テナントを含めた大型商業施設での多様な消費者行動のデータ化は、極めて価値が高いものです。総合スーパー大手では、自社電子マネーがかなり普及していますので、決済に関するデータインフラは整っているといえます。関連データ収集のインフラを早急に整えることで、顧客接点を活用した新たなビジネスモデルを展開すべきと言えるでしょう。

自社電子マネー
イオングループではWAON、セブン＆アイグループではnanacoの電子マネーを運用しており、キャッシュレス決済手段としての存在感を持っている。

▶ 総合スーパーの店舗構成例

専門店に売り場を提供し、テナント化

食品+必需品の自社エリア

商業施設のフロア構成例

6F	専門店
5F	専門店
4F	子供服
3F	服飾売場（紳士）
2F	服飾売場（婦人）
1F	バラエティ・雑貨
B1F	食品売場

▨ テナント

　　自社売場

🖋 ONE POINT

テナント化が進むわけ

今後もテナント化が進むと考える理由は、総合スーパーの商品別売上と専門店大手企業の売上規模を見ればわかります。総合スーパーは食品においてはそれなりの存在感を持っていますが、非食品に関しては専門性でも仕入れ力でも専門店チェーンに遠く及びません。テナント化を進めて専門店に売場を提供した方が、消費者のためになるはずなのです。

121

Chapter6
06

日本型食品スーパーの成立と普及

消費者の鮮度へのこだわりが生んだ日本型食品スーパーは、店舗ごとに生鮮加工場を設けて最終パック詰めをする仕組みです。鮮度と引き換えに、作業工程の分散という非効率性を抱えたチェーンとなったのです。

鮮度へのこだわりが生んだ日本型食品スーパー

　食品スーパーに食品を買いに行くと、たいてい鮮魚や精肉売場の壁側に作業場があって、素材をカットしてパック詰めする様子がガラス越しに見えるようになっています。これが日本の食品スーパーの特徴で、生鮮品のパック詰めなどの最終流通加工を店舗のバックヤードで行っているのです。チェーンストアでは、集中処理可能な作業はセンターなどでまとめて行うことで、効率化を図るというのが原則です。日本の食品スーパーがそうしない理由は、かつての日本の買物習慣にあります。日本では高度成長期まで電気冷蔵庫が普及していなかったので、毎日生鮮品を買いに行って家庭で料理するのが一般的でした。よいスーパーとは家庭の冷蔵庫代わりになることであり、消費者が価格以外で、最も重視したのは「鮮度」でした。センターで最終加工すると輸送工程があるので、翌日以降に売場に並ぶことになりますが、消費者はその鮮度劣化を敏感に察知して行かなくなるという評価をしました。このため、日本の生鮮品を扱うスーパーでは、店ごとのバックヤードに作業場を設けてパック詰めをするインストア加工が一般的となり、また、その様子をガラス越しに見せて鮮度を訴求するようになりました。こうした経緯の背景には、日本人の生魚を食べる食習慣も大いに影響したといわれます。

バックヤード
店舗の中で売場ではないスペースのことで、倉庫、事務室、作業場などに使用する場所。食品スーパーの場合、通常、店舗の奥に位置して、鮮魚、精肉売場の裏側に隣接していることが多い。

労働集約的なインストア加工の限界

　バックヤードでの生鮮品最終加工を基本に、鮮度競争を行う食品スーパーは、店ごとに小さな加工場を持たねばならないため、チェーンストアとしての規模の利益を十分には享受できない仕組みでした。そのため、食品スーパーでは、労働集約的な生鮮加工

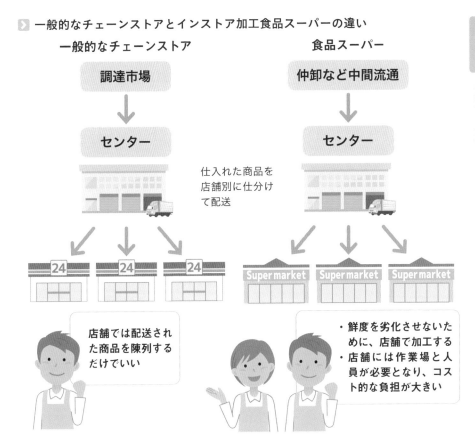

一般的なチェーンストアとインストア加工食品スーパーの違い

一般的なチェーンストア

調達市場

↓

センター

食品スーパー

仲卸など中間流通

↓

センター

仕入れた商品を
店舗別に仕分け
て配送

店舗では配送され
た商品を陳列する
だけでいい

・鮮度を劣化させないた
めに、店舗で加工する
・店舗には作業場と人
員が必要となり、コス
ト的な負担が大きい

工程を前提にしなければならず、その工程をマニュアル化して、パート従業員でも対応可能にすることがコスト削減の手段でした。各社は社員のパート化を進めましたが、近年ではパート化比率7割以上に達し、コスト削減も限界にきているようです。

　このように、食品スーパーは鮮度追求という解決できない非効率を抱えたチェーンストアであり、このことが特有の業界環境を生み出すことになりました。規模の利益の追求だけでは勝てないため、地域の食習慣に適応した地域密着企業が生き残ることが可能で、他業態に比べて寡占化は進みませんでした。家電量販店のように、家電メーカーブランドによって品質の担保がされている業界では、既に寡占化が進んでいますが、鮮度による制約がある食品スーパーの効率化は簡単ではないのです。

パート化比率
総従業員数のうち、
パートタイム従業員
数が占めている割合。

寡占化
特定の市場において
少数の企業などが大
きなシェアを持って
いる状態。

123

Chapter6
07

地域有力企業の越境と再編に揺れる地場食品スーパー

地域ごとに地場企業がシェア競争をする時代は終わり、地域有力企業同士が越境して競争するようになってきました。しかし、そこには地域再編の受け皿となって全国制覇を目論むイオンが立ちはだかっています。

地域ごとに有力食品スーパーが現れ、そして越境競争へ

　地域ごとに多くの企業が割拠する食品スーパー業界ではありますが、業界内での新陳代謝は起こっています。ここでもモータリゼーションが大きな影響を及ぼしました。地方で女性の免許保有が一般的となり、軽自動車が普及した2000年代以降、幹線道路沿いで広い駐車場があり、豊富な品揃えが可能な1500〜2000㎡規模の大型店舗が選ばれるようになりました。また、その頃、急速に浸透したドラッグストアや100円ショップなどと共同出店するタイプもあり、さらに集客力が高まりました。現在の地域ごとの有力企業（リージョナルトップ）は、こうした環境変化に対応した第2世代であり、第1世代を淘汰して、まずは県域でのシェアを握り、その勢力圏を周辺複数県に拡大しつつあるのです。

リージョナルトップ
ある地方においてトップシェアを持っている企業。全国シェアでは上位とはいえなくとも、特定地域では確固たる売上基盤を構築している。

越境拡大する有力地域スーパー対イオン

　こうした有力食品スーパーの越境拡大は、業界内での競争を激化させました。地域内で勢力拡大する第2世代スーパーにシェアを奪われるだけでなく、隣接地区の成長企業が進出してくることで、地場スーパーの淘汰が進んでいくからです。そうした再編の受け皿として名乗りを上げたのが、2大流通グループのうち、地方で圧倒的な存在感を持つイオングループです。2000年代の流通大再編に勝ち残って、スーパーを全国展開する唯一の運営企業となったイオングループは、地場食品スーパーを傘下に入れて、地域ごとにマックスバリュ各社として再構築する動きを着々と進めてきました。例えば、マックスバリュ東海は、破綻した静岡のスーパー、ヤオハンをイオンがスポンサーとして再建、その後、複数の地場スーパーの事業を吸収して拡大しました。2019年に

▶ エリア別の有力スーパー

中部
- バロー（SM／3,780億円）
- マックスバリュ東海
  （SM／2,715億円／イオン）
- アクシアルリテイリング
  （SM／2,409億円）
- フィールコーポレーション
  （SM／1,283億円）

近畿
- 平和堂（総合／4,336億円）
- ライフ（近畿）
  （SM／3,601億円／三菱商事）
- 万代（SM／3,582億円）
- オークワ（SM／2,654億円）
- コープこうべ（生協／2,461億円）
- イズミヤ（総合／2,109億円／H2O）
- 関西スーパーマーケット
  （SM／1,262億円／H2O　10%）
- 光洋（SM／1,204億円／イオン）
- 阪急オアシス
  （SM／1,094億円／H2O）

中四国
- マックスバリュ西日本
  （SM／5,430億円／イオン）
- フジ
  （総合／3,135億円／イオン）
- イズミ
  （中国）（総合／2,723億円）
- リテールパートナーズ
  （SM／2,288億円）
- 大黒天物産（DS／2,121億円）
- ハローズ（SM／1,347億円）

九州
- イオン九州+マックスバリュ九州
  （SM／4,051億円／イオン）
- イズミ（九州）（総合／2,603億円）
- トライアルカンパニー
  （DS／4,834億円／広域）

北海道
- アークス（SM／5,192億円）
- イオン北海道
  （総合／1,859億円／イオン）
- コープさっぽろ（生協／2,807億円）

東北
- ヨークベニマル
  （SM／4,468億円／セブン）
- イオン東北
  （総合／非公開／イオン）
- ヤマザワ（SM／1,100億円）

関東
- USMH
  （総合／6,917億円／イオン）
- ヤオコー（SM／4,605億円）
- オーケー（SM／4,353億円）
- コープみらい（生協／3,946億円）
- ライフ（首都圏）
  （SM／3,329億円／三菱商事）
- ベイシア（総合／3,059億円）
- サミット
  （SM／2,848億円／住友商事）
- ダイエー（総合／2,851億円／イオン）
- いなげや（SM／2,543億円／イオン）
- ベルク
  （SM／2,395億円／イオン）
- 東急ストア（SM／2,020億円）
- 長崎屋
  （総合／1,936億円／PPIH）
- ユーコープ（生協／1,699億円）
- タイヨー（SM／980億円）
- マミーマート（SM／1,243億円）

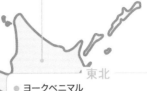

※（業態／売上額／グループ）
※総合→総合スーパー、SM→食品スーパー、DS→ディスカウントストア
※広域展開のイオンリテール、イトーヨーカ堂、ユニーは除く
※売上額は企業ベース（各社IR資料2020年）のため必ずしもエリアとは
　一致しない

は、三重県などで同様の再編を行ってきたマックスバリュ中部と
統合して、現在の売上2700億円規模の存在になっています。こ
うして業界再編は、イオン対リージョナルトップの構図となって
きたのです。

Chapter6
08

全国制覇を進めるイオンとリージョナルトップ

全国制覇を進める強大なイオンに対して、地域の食品スーパーは経営統合して対抗、リージョナルトップを形成しつつあります。イオン vs. リージョナルトップの対抗軸は周囲を巻き込んだ再編を加速しています。

強大なイオンに、有力地域スーパーが経営統合して対抗

　マックスバリュ各社を中心としたイオングループの食品スーパー事業は、2020年2月期で、売上3兆2244億円となり、祖業である総合スーパー事業3兆705億円を上回るグループ最大の事業となっています。多くの地域で地場食品スーパーの再編を進めることで、地域における存在感を増しつつあります。こうした動きに対して、地場有力スーパーの側でも地域での再編、または地場有力企業同士の提携などを構築して対抗するという図式になっています。元々、中堅中小スーパーの中には仕入規模を補うために、共同仕入組織を作って大手との条件格差を縮めようとする動きがありました。代表的な組織として、CGCがあり、全国で200社以上の企業が参加しています。この加盟社同士がさらに踏み込んで経営統合するという動きがこれまでにも散見されますが、中でも最も大規模なのがアークスです。

　同様の動きが各地で起こり始めており、中部の上位企業、アクシアルリテイリング、中四国の上位企業リテールパートナーズも、地場有力企業同士の経営統合によって誕生した企業です。さらには、アークス、リテールパートナーズ、中部の有力企業バローは新日本スーパーマーケット同盟を結成して、株式を持ち合い、資本業務提携を締結するという動きもありました。こうした、イオンに対抗するリージョナルトップの連携は、今後さらに広がっていくと考えられています。

イオン対地域トップどちらにつくかの再編ドミノ

　中四国、九州においては、総合スーパーを軸にしたグループ化が起こっています。今や総合スーパー3位まで成長したイズミ

▶ イオン vs. リージョナルトップ

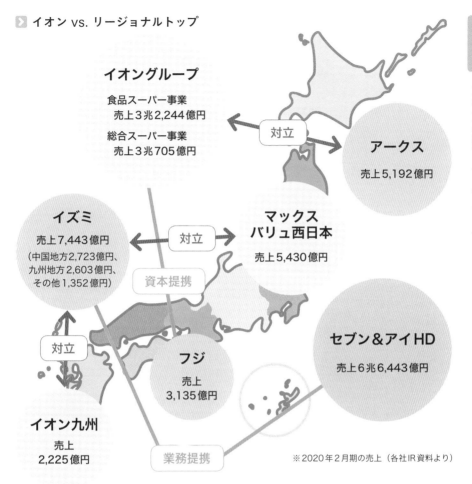

イオングループ

食品スーパー事業
売上3兆2,244億円

総合スーパー事業
売上3兆705億円

対立

アークス

売上5,192億円

イズミ

売上7,443億円
（中国地方2,723億円、
九州地方2,603億円、
その他1,352億円）

対立

**マックス
バリュ西日本**

売上5,430億円

資本提携

対立

フジ

売上
3,135億円

セブン＆アイHD

売上6兆6,443億円

イオン九州

売上
2,225億円

業務提携

※2020年2月期の売上（各社IR資料より）

（広島）は、中四国、九州で、総合スーパーを軸とした大規模ショッピングモール運営で、イオングループと激突しています。これらの地域ではイオンかイズミのどちらにつくかで業界が揺れています。イズミと長年のライバル関係にあった有力企業フジは、イオンとの資本提携に踏み切りました。

　こうした状況下、西日本でのスーパー事業展開が手薄なセブン＆アイグループはイズミとの業務提携を結び、プライベートブランド商品「セブンプレミアム」の供給も始まりました。今やイオン vs. リージョナルトップの対抗は、遠交近攻といった戦国時代さながらの大再編時代に踏み込んでいるのです。

Chapter6
09

プロセスセンターの標準装備化がさらなる再編を促す

インストア加工誕生から50年が過ぎ、技術革新を背景にプロセスセンター加工は再評価されています。センター装備が標準的となれば、投資余力による競争力格差が歴然とし、再編は加速するでしょう。

プロセスセンターへのチャレンジが再開

　鮮度重視の生鮮販売に関しては、インストア加工が原則でした。しかし、日本型食品スーパーの成立から50年以上が過ぎ、スーパーを取り巻くインフラ環境も変わってきました。当時はパソコン、インターネットもなければ、POSもないというインフラの下で、鮮度を求める消費者のニーズに対応するには、他に選択肢はなかったのかもしれません。しかし、時代は変わり、さまざまな技術革新が実現しており、生鮮品などの流通加工をプロセスセンターに移行する試みが進んでいます。ITインフラを活用した多店舗での販売状況把握、在庫管理、受発注の機能向上があり、また保存技術、冷蔵、冷凍技術の進化もあって、プロセスセンターでの流通加工が必ずしも鮮度劣化に直結しない体制作りも進んでいます。こうした環境を踏まえて、有力スーパーでは、流通加工工程を細分化して、鮮度劣化につながらない加工工程を切り出してセンター化し、店舗での作業負担を軽減する取り組みが行われるようになっています。こうした動きはチェーンストアが効率化を追求していく上で当然の経営判断であり、今後、多くの企業に拡がっていくでしょう。

プロセスセンター投資を契機とした再編の加速

　このような動きが本格化するということは、生鮮品などを取り扱う小売業において、相応の投資余力が求められることを意味します。これまではバックヤード作業のコスト低減は、主に従業員のパート化によって実施されてきましたので、中小規模のスーパーでもなんとか対応することができましたが、プロセスセンター化は大きな投資を伴うため、投資余力の有無が企業の効率性、収

▶ プロセスセンター

原材料をセンターに
一括納入

| 仕入先 | 仕入先 | 仕入先 |

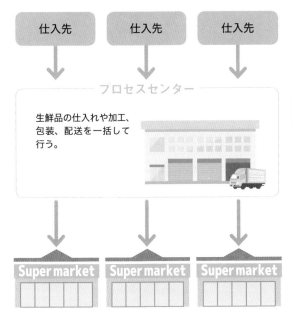

プロセスセンター

生鮮品の仕入れや加工、
包装、配送を一括して
行う。

Super market　Super market　Super market

各店舗に配送される

メリット

● 今まで店舗のバック
ヤードで行っていた
生鮮品の加工をセン
ターに集約化するこ
とで、店舗の作業負
担が軽減される

● ITインフラを活用す
ることで、多店舗で
の販売状況や在庫管
理を把握して仕入れ
が行える

益性に大きく影響することになるでしょう。

　プロセスセンターが標準装備化されることになれば規模の利益
が実現するようになり、これまで地域密着でやってきた地場中小
スーパーの淘汰が進む可能性は高いと考えられます。コロナ禍の
内食回帰によって、中小食品スーパーにも追い風が吹いているよ
うですが安心はできません。需要増への対応もあり、有力スーパ
ーは設備投資強化の準備を進めているはずです。アフターコロナ
には、こうした背景から、企業間の格差が鮮明となり、再編の動
きが急加速する可能性があるのです。

スーパーは野菜の鮮度とコスパで集客、生鮮・惣菜で稼ぐ

集客商材、収益商材とは何か

食品スーパーのビジネスモデルの第一は、鮮度の高い青果を高頻度で買いに来てもらうことです。それに加えて、一般食品（食品メーカーが工場で生産した食品のうち、常温のもの）、日配品（食品メーカーが工場で生産する食品のうち、冷凍冷蔵管理が必要なもの）を低価格販売することで集客し、来店してくれた顧客に利益を乗せた肉、魚、惣菜を売っていくという形態が一般的だとされています。

一般的に、食品スーパーの入り口を入ってすぐのところに位置しているのは青果売場です。それは青果が来店を誘うための一番の商材だからです。色どり豊かな野菜は見た目で鮮度がよい商品であるとアピールすることができます。

また、日替わりのセールを行って、来店を競うのも一般的です。食品メーカーの製品は、同じ商品を複数のライバル店で売ることが多く、消費者も価格に敏感なので高い利幅を乗せて稼ぐというわけにもいきません。ある程度利幅をあきらめて、低価格で提供して来店してもらうことを優先する位置付けとなるのです。

生鮮、惣菜で密かに稼ぐ

かたや、肉、魚、惣菜というのはメーカーの製品ではないため、競合店と全く同じものとして価格比較されることがありません。消費者も大体の価格帯は把握していますが、正確な比較はできないため、ここで利を稼ぐというのが店舗の腕の見せ所ということになるのです。

このように、食品スーパーでは集客のための商品と、収益を確保するために売っていく商品とに分けた売場作りを行っています。消費者としてもそうした観点からスーパーの売場を観察してみると、その店の戦略が見えてくるかもしれません。

第 **7** 章

各業態の知識
コンビニエンスストア

世界トップクラスのチェーンインフラの構築に成功し
たコンビニエンスストアは、小売業の中でも、大きな
存在感を持つようになりました。しかし、全国にある
程度行き渡り、出店余地が少なくなってきたことで、
仕組みのさまざまなひずみも明らかになっています。

Chapter7 01

コンビニエンスストアの市場規模と主要プレイヤー

単身世帯、共働き世帯の増加を背景に、着実に成長を続けてきたコンビニ業界はプレイヤーの淘汰が進み、上位3社の寡占市場となっています。既に全国に普及したコンビニは新たなステージを迎えつつあります。

コンビニ市場規模はコロナで初の減少ながら12兆円弱

成長を続けてきたコンビニエンスストア（以下、コンビニ）の市場規模は、2019年には12.2兆円弱とピークに達しましたが、2020年にはコロナ禍の影響を受けて、11.6兆円と初めてマイナス成長となりました。コンビニは、主に、仕事などで忙しい人が、合い間に食事や飲み物を買うという需要に対応してきました。コロナ禍によるリモートワークや外出自粛による内食回帰は、中食需要を縮小させました。中でも昼間人口が減った都心部では大きな影響を受けました。コンビニの売上の3分の2は食品であるため、こうした中食市場の動向との関連が大きいのです。

単身、共働きの増加が牽引したコンビニの成長

初期のコンビニは小さくて品揃えも少なく、価格も高いため、スーパーが開く前や閉まった後に駆け込む店という存在でした。しかし、今では「近くて便利」というように、食事や家事回りに割く時間があまりない忙しい人（単身者、共働き家庭など）に、家や職場の近くで、食事や雑貨を供給するという「時間を売る」商売に変わりました。そのため、単身世帯数、共働き世帯数の増加にも支えられ市場を拡大してきたのです。コロナ前、既に成長スピードが鈍ってきていたことから、コンビニ市場の飽和は近いと言われてきました。しかし、こうしたコンビニを支えてきた世帯属性はまだまだ増えていきますから、必ずしも市場が飽和するとは言えません。

セブン、ローソン、ファミマ3社の寡占マーケット

チェーン総売上ランキングの通り、寡占化が進んだ業界です。

内食、中食、（外食）
食事を家で作って食べることを内食、弁当、総菜などを買って帰って家で食べることが中食、そして、飲食店に行って食べるのが外食である。

売上の3分の2は食品
弁当、総菜、調理パンなどのファストフード・日配商品が37％、菓子、飲料、インスタント食品などの加工食品が27％、雑貨などの非食品が31％、チケット、宅配便などのサービス売上が5％。

初期のコンビニ
「あいててよかった」が昔のセブン-イレブンのキャッチコピー。

▶ コンビニエンスストア販売額と店舗数

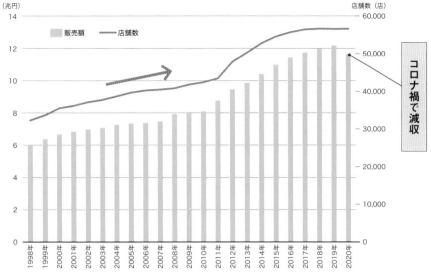

出典:経済産業省 「商業動態統計」より作成

▶ コンビニエンスストアチェーン総売上ランキング

NO.	企業名	チェーン総売上（億円）
1	セブン-イレブン・ジャパン	50,103
2	ファミリーマート	29,651
3	ローソン	25,070
4	ミニストップ	3,140
5	ポプラ	463

上位3位の企業に
よって寡占されて
いる

出典:各社IR資料により作成

企業業績で見ても上位3社の収益力が高く、4位以下は赤字です。特に、セブン-イレブンの収益力が際立って高いことがわかります。セブン-イレブンがビジネスモデルの基本を作り、商品・サービスの開発を先導してきたという経緯もあり、圧倒的な影響力を持ち続けています。新たな**カウンター商材**や、各種収納サービスやATM、チケット、宅配便などのサービスを、次々と導入し続けることができた大手3社が、他社を淘汰して寡占構造が生まれました。これは、コンビニ本部が作り上げた商品・サービスのインフラが、コンビニの競争力の源泉となっていることを示していると言えます。

カウンター商材
コンビニのレジ横のカウンターに置かれたコンビニの商品で、揚げ物や中華まんじゅう、おでん、などが主力。

Chapter7
02

フランチャイズによる組織構成

コンビニは、インフラを提供する本部と、店舗を経営する多数の加盟店によって構成されるフランチャイズ組織です。組織の巨大化によって、本部と加盟店舗の利害調整は新たな課題となりつつあります。

コンビニを支えるフランチャイズシステム

コンビニの店舗は、大半がフランチャイズ（以下、FC）契約に基づく加盟店によって構成されています。

FC加盟店は、独立した経営体がFCに加盟して本部の提供するノウハウ、インフラを利用して商売をします。経営は基本的には加盟店の責任であるため、店が成功して儲かれば加盟店経営者が手にする利潤は大きくなり、失敗すると自らの収入が少なくなります。

また、本部の提供するインフラを利用するための商品売買益のうち、一定割合（ロイヤルティ）を本部に支払う必要があり、この負担は小さくはありません。しかし、チェーンインフラを持った本部に加盟したほうが、単独で商売をするより成功確率が高いため、加盟店になるということです。コンビニ業界は近年まで右肩上がりの成長が続き、収益を確保できる店のほうが多かったため、このビジネスモデルが維持されてきました。しかし、店舗が増えて、出店余地がなくなってきているといわれる今、加盟店の成功確率が低下してきており、それが加盟店にとっても、本部にとっても大きな課題となってきています。

加盟店との新たな関係構築の必要性

24時間営業を基本とするコンビニは、長時間労働という問題とは切り離せない側面を持っています。そのため、**労働基準法**に基づいた雇用関係にある従業員だけで運営することは難しく、FCで店舗を増やしてきました。

初期のコンビニは、スーパーなどの出店によって圧迫されている個人商店に、対抗策としてコンビニへの転換を提案して店舗数

コンビニの店舗
直営店もあるが、社員や加盟店の研修目的や取組実験を実施するためで、直営店の数は多くはない。

24時間営業
多くのコンビニで、加盟店経営者になるためには、夫婦で経営に参加するということが原則とされているようだ。労働基準法の対象外である加盟店経営者が、家族交代で対応することが前提となっていると言える。

労働基準法
労働条件に関する最低基準を定めた法律。適用対象は雇用された従業員全般であり、フランチャイズ加盟店の経営者は雇用関係ではなく、取引関係であるため、この法律の対象外。

▶ コンビニのフランチャイズ組織

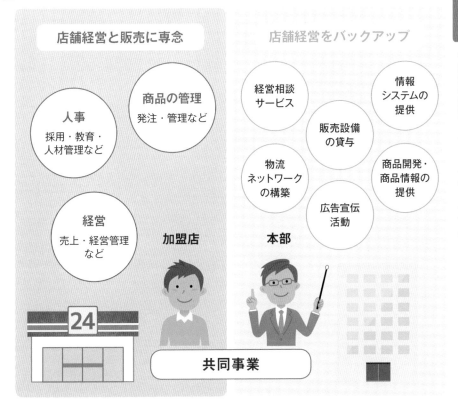

を増やしてきました。当時の個人商店は、朝から晩まで家族総出で忙しく働いているのが普通で、コンビニに転換してもそれほど大きな負担と感じなかったのかもしれません。また、成長期のコンビニに加盟したため、十分に利益を上げることができ、何十年も続いている老舗加盟店も数多く存在しています。

　しかしコンビニが日本に導入されて50年弱の年月が経った現在では、長時間労働ありきのコンビニビジネスモデルは通用しなくなってきました。その上、長時間労働の対価としての収入水準が低下しつつあるため、不満を持つ加盟店は増えつつあります。コンビニ本部と加盟店とのさまざまな争議が発生している今、両者の新たな関係作りが求められていると言えます。

精緻なサプライチェーンマネジメントが屋台骨

世界トップクラスの
チェーンストアインフラ

コンビニ本部は、**POSによる単品管理とITインフラをベースとした精緻な
サプライチェーンマネジメント**により、強固なチェーンストアインフラを構
築して、数万店におよぶ加盟店を支えています。

POSの単品管理で商品動向をリアルタイムで把握

コンビニが全国で6万店近くにも浸透できたのは、そのチェー
ンストアとしてのインフラが、極めて精緻な仕組みだからです。
その基礎をなすインフラは、①POS（販売時点情報管理）によ
る単品管理、②ITでコントロールされた**サプライチェーンマネ
ジメント**（SCM）です。コンビニは早期から導入して、商品動
向の情報把握を行ってきました。コンビニでは限られたスペース
に、3000アイテム程度しか商品を置けません。その売れ行きを
単品ベースで管理し、売れ筋を残して売れない商品を排除すると
いうことを繰り返して、商品の回転を高める努力を続けてきまし
た。また膨大な店舗の情報から、何が売れているのか、どの地域
で売れているのか、なぜ売れているのかを本部が分析し、店舗に
還元することが可能です。また、POSは店舗において補充すべ
き商品も管理して、発注なども簡単に行える仕組みも提供しまし
た。POSによって、コンビニは、加盟店に精緻な商品情報イン
フラを提供しているのです。

**サプライチェーンマ
ネジメント**
物流システムを一企
業の中だけに限定せ
ず、複数の関係する
企業間で統合的な仕
組みを構築して、効
率的に運用するシス
テム。コンビニの
SCMは世界的にも
最も優れた仕組みの
ひとつとして評価さ
れている。

ITを駆使したサプライチェーンマネジメント

商品の動向に関して収集したデータは、そのサプライチェーン
全体で共有されることで、生産や物流などとの有機的な連動を生
み出しています。各店舗からの発注情報が物流センターや問屋、
メーカーに共有されることで、即時に各関係者が動き出せるイン
フラが整っているということです。モノの動きが、必要な物流に
反映されていくことで、サプライチェーン全体が有機的な動きを
して、無駄なコストをなくしていくことにつながります。その上、
今やその流通量も巨大な存在となっており、メーカーや卸売業に

流通量
コンビニはアイテム
数を絞り込んでいる
が、その店舗数が多
いため、1アイテム
あたりの販売量では、
他の業態を圧倒する
ボリュームとなる。

▶ 加盟店を支えるバックアップ環境・体制（セブン-イレブンジャパン）

各店舗からの発注情報

OFC
（オペレーション・フィールド・カウンセラー）
担当する加盟店の発注・販売状況を提携パソコンでスピーディーに確認し、適切にアドバイス

共同配送センター
温度帯別共同配送によって、商品の鮮度を維持しながら効率的な納品を実現

本部
販売情報の蓄積・管理・分析により、加盟店の経営や販売促進をサポート

地区事務局
加盟店の各種帳票類のデータベース化など、会計簿記サービスを提供

メーカー
加盟店の発注情報をオンラインで受け取り、生産・出荷をタイムリーに実施

出典：セブン-イレブンジャパン「セブン-イレブンの横顔」をもとに作成

　とっても最も重要なチャネルとなっています。
　このようなインフラを構築しているからこそ、コンビニチェーンは全国津々浦々の数万店単位の加盟店に商品供給、ノウハウ提供を行うことが可能なのです。そして、海外にも進出して一定の成功を収めることができているのです。

Chapter7 04

コンビニが拓いた プライベートブランド（PB）

セブン-イレブンが開発したPBは、価値を訴求するコンビニならではの高品質PBの世界を拓きました。大手コンビニ他社も追随し、その商品力と巨大な流通量は、業界再編にさえ影響を与えるまでになっています。

価値訴求するコンビニが拓いた新たなPBの世界

コンビニは、POSを軸としたITインフラを駆使することで、小売業の中でも卓越した商品情報管理ノウハウを蓄積してきました。このインフラがあることで、コンビニは早くから自社のオリジナル商品であるPB商品を充実させ、製造小売業としての仕組みを構築することに成功しました。

メーカーが自社ブランドで提供する商品（ナショナルブランド以下、NB）は、消費者に認知してもらうための広告宣伝費がかかります。また売れ残った場合、一定割合で返品などが発生するため損失が発生します。しかし、PBは小売業のブランドで製造するため、協力メーカーに広告宣伝費の負担はなく、全量買取が原則のため、売れ残りロスも発生しません。NBより利幅は薄くなりますが、トータルでは協力メーカーにも増益となる仕組みとなっているので、メーカーも協力するのです。

業界再編にも影響を与えたコンビニPB

2007年にスタートしたセブン-イレブンのセブンプレミアムは、価格訴求しない、つまり廉価をセールスポイントにするのをやめました。コストダウン分は品質向上に回すことをメーカーに要求し、同程度の価格で価値を訴求するという方針を徹底しました。その結果として、セブンプレミアムは消費者の高い評価と認知を受けるようになり、高品質ブランドとして定着することに成功しました。今では全アイテムで約4,150、うち年間販売額が10億円以上のアイテムが290という日本を代表するPBとなっています。以来、他の大手コンビニも追随した戦略をとるようになり、各社ともPB中心の品揃えを目指すようになっています。

▶ NB、スーパーのPBとコンビニのPBの違い

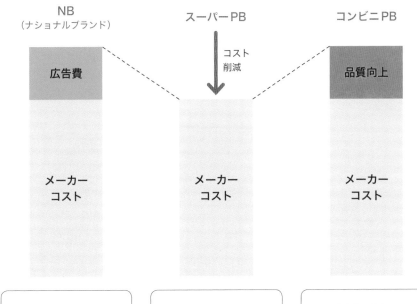

NB
（ナショナルブランド）

スーパーPB

コンビニPB

コスト
削減

広告費

品質向上

メーカー
コスト

メーカー
コスト

メーカー
コスト

- 消費者に認知してもらうための広告宣伝費が必要
- 店舗で売れ残った商品は返品が発生する

- 広告宣伝費の負担がない
- コストダウン分、価格を下げて低価格訴求できる

- 広告宣伝費の負担がない
- 価格訴求をやめ、コストダウン分を品質向上に回す

- NBの廉価版の域を出ないものが多い

- 消費者による高い評価と認知を受ける

PBは、セブン＆アイグループの共通のPBとして量、質、共に充実し、グループ戦略においても重要な武器ともなっています。総合スーパー第3位のイズミは2018年からセブン＆アイと**業務提携**しました。業界他社が提携してでも供給を受けたいPBは、コンビニというビジネスモデルが生み出した戦略商品となったのです。

業務提携

イズミは、全国の中堅スーパーが共同で設立した共同仕入会社ニチリウの創立メンバーだったが、セブンプレミアムの供給が確定すると、これを脱退した。セブンと後戻りできない提携関係に踏み込み、正にPB供給が軸になった同盟関係と言える。

Chapter7
05

ドミナント戦略と
フランチャイズとのコンフリクト

価格訴求ではなく、時短を売るコンビニ本部は、自ら顧客に近づくため、店舗網の密度を高めようとしますが、加盟店との利害は一致しません。パートナーである加盟店との共存に配慮した調整が求められています。

「時短を売る」コンビニの高密度出店は宿命

スーパーまで行けば88円で買えるお茶のペットボトルを130円するコンビニで買う人がいるのは、時間を買っているからであり、コンビニは近くにあることで、時短を提供する小売業であると言えます。そのため、コンビニはドミナント戦略を採用し、これをベースに、さらにさまざまな時短をサポートするサービスを提供することで、「コンビニエンス」を磨いてきました。銀行に行かなくても、ATMが利用できたり、公共料金などを支払える。郵便局に行かなくても切手やはがきが買える。宅配便を出したり、受け取れる。各種チケットも同様です。

これらは皆、消費者に時短と利便性を提供するという点が共通しています。「近くて便利」とは、まさにこうしたコンビニの本質を、一言で表現しているのかもしれません。

ドミナント戦略
地域における店舗の密度を上げることで、店舗網全体として顧客への利便性提供で訴求するという戦略。

ドミナント戦略で重要なのは加盟店との利害調整

このドミナント戦略は店舗密度を上げることになるため、FC加盟店の側から見れば、売上が下がることに直結し、本部と利害が対立します。売上が減少すれば売れ残りの廃棄ロスが増えてくるので、この負担についても不満を訴える加盟店が増えてきました。加えて、近年の人件費の高騰によって、深夜の売上の少ない時間帯を閉店して、経費を削減したいという要望も急速に増えてきました。こうした収益悪化要因が重なって、コンビニ本部と加盟店の争議が数多く発生することになり、公正取引委員会が調査に乗り出すという社会問題にまで発展しました。

コンビニ本部各社も問題に向き合っており、廃棄ロスに関する補填対応や、24時間営業に関しても加盟店との協議を進めるな

利害が対立
近年では都市部を中心にドミナント密度が上がり、既存の加盟店の中には影響を受けて売上が減少する店が増えつつある。

公正取引委員会
公正で自由な競争原理を促進し、民主的な国民経済の発展を図ることを目的に設置された内閣府の外局。コンビニ本部と加盟店の争議に関しては、独占禁止法に抵触する恐れがあるとして、調査に乗り出した経緯がある。

▶ ドミナント戦略の問題点と改善策

店舗密度が上がると加盟店の売上が下がる

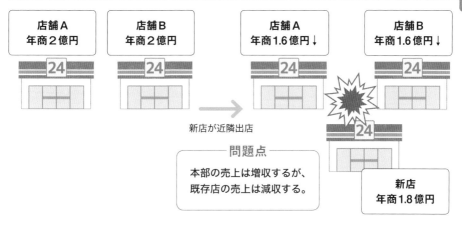

加盟店との共存に配慮し、トータルで増益になることを目指す

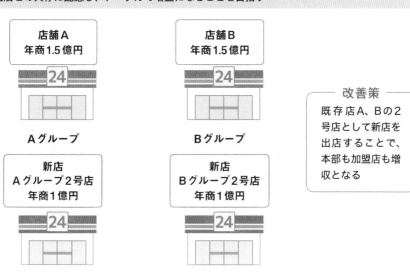

どの対応が始まっています。ドミナント戦略についても、新店出店の際に近隣既存加盟店オーナーによる複数経営を提案する、などの改善策が講じられつつあります。

　いずれにしても、ドミナント戦略は加盟店との共存に配慮して進めることが重要であり、加盟店との関係再構築が、コンビニ本部のこれからの最大の課題となることは間違いありません。

Chapter7 06

コンビニ成長力の源泉は 新たなニーズ開拓とチャレンジ

店舗密度を上げつつ地方に展開して、店舗数を増やすことで成長してきたコンビニ市場は、限界が見えてきました。ただ、単身、共働き世帯の増加は続く見込みであり、ニーズ開拓で成長できる余地は残されているはずです。

地方展開による拡大はほぼ限界が見えてきた

　都道府県別の1店あたりの売上と人口1万人あたりの店舗数からは、出店密度を上げるという手法では、成長余地に限界があることが見てとれます。都市部において、1店あたりの売上が高めであるという傾向はありますが、概ね1.8〜2億円に分布しており、極端な差はありません。人口1万人あたり店舗数でも3.4店の奈良県と5.7店の山梨県では開きがありますが、都市部から地方に展開した経緯を考えるとかなり行き渡ったという印象です。こうした状況を踏まえると、コンビニの地域偏在性はあまり残されておらず、仮に1万人あたり5店までは余地があるとすると、全国で6万3千店、山梨県の5.7店まで水準を上げると7万2千店となります。現在のコンビニの総店舗実数が5万6千店（経済産業省「商業動態統計」より）なので、7千店から1万6千店の出店余地があります。

単身、共働き世帯の増加とニーズ開拓に成長余地

　コンビニが成長できた背景は、地方の開拓だけではなく、時短ニーズを持った「忙しい人」、単身世帯や共働き世帯が増えたことも要因と考えられます。高齢化の進行や、女性の労働参加の必要性からも、こうした世帯数は継続的に増加することが見込まれていますので、時短ニーズが拡大することは確実です。

　近年、コンビニは前項で見たように、加盟店との利害対立を起こすなどの問題がクローズアップされました。しかし、コンビニの成長力の源泉は、本来、時短ニーズを取り込むチャレンジの積み重ねにあります。コロナ禍を経て、働く人の生活パターンも、リモートワークの浸透、地方郊外回帰など変化の兆しもあるよう

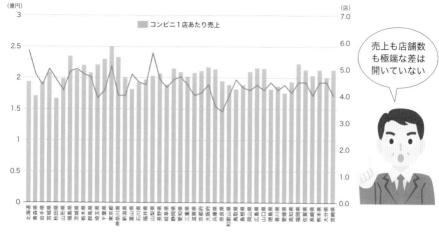

▶ コンビニ都道府県別1店あたり年間売上と人口1万人あたり店舗数

出典：経済産業省「商業動態」より作成

吹き出し：売上も店舗数も極端な差は開いていない

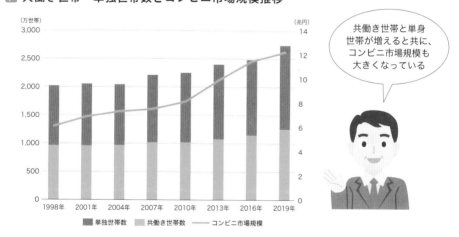

▶ 共働き世帯・単独世帯数とコンビニ市場規模推移

出典：総務省「労働力調査特別調査」（2001年以前）及び総務省「労働力調査（詳細集計）」（2002年以降）、「国勢調査」、経済産業省「商業動態統計」より作成

吹き出し：共働き世帯と単身世帯が増えると共に、コンビニ市場規模も大きくなっている

です。変化する先には新たなニーズがあるのですから、コンビニがこれまでのように新たなニーズをつかむ努力を続けることで、成長基調を維持する可能性は十分にあります。

コンビニ三国志に「まいばすけっと」で 待ったをかけるイオン

再編は終了、3社決戦の時代へ

コンビニ業界は、セブン-イレブン（セブン＆アイ）、ファミリーマート（伊藤忠商事）、ローソン（三菱商事）の大手3社の寡占状態となっており、こうした体制は当分の間、崩れる気配はなさそうです。

コンビニチェーンには規模の利益が働くと言われますが、これまでいくつもあったコンビニチェーンは、再編によって大手の傘下に組み込まれてきました。近年では業界4位だったサークルKサンクスが、大手商社の伊藤忠商事の主導によりファミリーマートと統合したことで、国内再編の余地はなくなりました。今後、4位以下がどこと統合しようと順位変動は起こらないということです。

ここには、2大流通イオンの存在感はありません（イオングループのミニストップは4位）。

コンビニでは敗れたイオンの戦略

イオンは、首都圏においてはミニスーパー業態「まいばすけっと」で着々と反攻を進めています。この業態は、コンビニサイズの店舗に、生鮮総菜も置く24時間営業のミニスーパーで、イオンの低価格PB「トップバリュ」を揃えており、コンビニより安くモノが揃います。

東京、川崎、横浜を中心に、基本はコンビニの近接地、バス停単位に出店して成長を続け、2019年度で849店舗、売上1,724億円の存在となりました。東京のコンビニ市場規模が1.8兆円程度ですから、シェア1割相当の規模に至りました。

今やコンビニにとっても無視できない存在であり、さらに成長が続く見込みです。コンビニでは弱いイオングループが直営店ミニスーパーでセブン-イレブンに価格競争を仕掛け、経営基盤の弱い個々のコンビニ加盟店の脱落を狙う戦略です。イオン対セブン＆アイの強烈な競争意識が垣間見える話です。

第8章

各業態の知識
専門店チェーン

いまや小売業は専門店チェーンの存在をおいては語れません。ドラッグストア、ホームセンター、家電量販店などに加え、ドン・キホーテ、ニトリなども含め多様な専門店が出揃っています。

再編で**トップが入れ替わる**
ドラッグストア

ドラッグストアは業界再編が進み、上位企業のトップシェア争いが激化しています。目まぐるしくランキングが変動する中、食品強化型がその存在感を強めています。

大再編で大きく変動する業界ランキング

　経済産業省の商業動態統計によると、ドラッグストアの市場規模は2020年で7兆2千億円超となっていて、拡大基調を維持しています。売上の内訳をみると、食品2兆1千億円超、家庭用品1兆1千億円、ビューティーケア（化粧品など）9千億円となっていて、スーパーなどの大きな脅威となっています。

　2015年以降の各社の売上推移を見ると、業界首位が目まぐるしく入れ替わってきたのがわかります。これは業界上位企業が、中堅中小チェーンを統合して、規模拡大を進めてきたことの現れです。例えば、イオングループのウエルシアHDは、イオン系のCFSコーポレーションをはじめ、全国各地の地場ドラッグストアを子会社化して、急速に規模を拡大しています。また、北海道創業で東日本に店舗が多かったツルハHDは、手薄だった西日本方面を中心に、M&Aを積極的に展開しています。

M&A
Mergers（合併）and Acquisitions（買収）の略。企業の合併、買収のこと。広義では資本提携なども含んだ企業同士のアライアンスを指す。

食品強化型の成長

　ドラッグストアの主要企業は、正統派ドラッグストアと食品強化型の2つに大別されます。正統派の代表格はマツモトキヨシやココカラファインなどで、主に駅前、繁華街に展開して、化粧品、医薬品中心の品揃えになっています。地方に展開する正統派はツルハなどで、大都市より大きめの店を幹線道路沿いに展開しています。

　食品強化型は、コスモス薬品やクスリのアオキHDなどが代表格で、広い食品売場を併設し、食品の売上比率が半分以上を占めるというタイプです。地方のロードサイドは、クルマで通りかかる人を停めて、店に入ってもらう必要があり、そのため低価格の

▶ ドラッグストアの売上推移

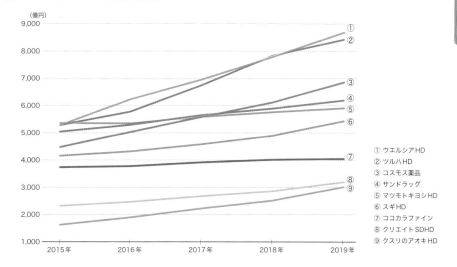

（億円）

① ウエルシア HD
② ツルハ HD
③ コスモス薬品
④ サンドラッグ
⑤ マツモトキヨシ HD
⑥ スギ HD
⑦ ココカラファイン
⑧ クリエイト SDHD
⑨ クスリのアオキ HD

▶ ツルハ HD とウエルシア HD の近年の主な M&A

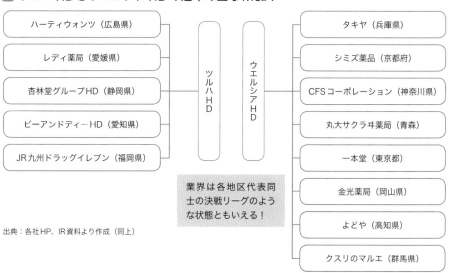

ハーティウォンツ（広島県）

レディ薬局（愛媛県）

杏林堂グループ HD（静岡県）

ビーアンドディー HD（愛知県）

JR 九州ドラッグイレブン（福岡県）

ツルハ HD

ウエルシア HD

タキヤ（兵庫県）

シミズ薬品（京都府）

CFS コーポレーション（神奈川県）

丸大サクラヰ薬局（青森）

一本堂（東京都）

金光薬局（岡山県）

よどや（高知県）

クスリのマルエ（群馬県）

業界は各地区代表同士の決戦リーグのような状態ともいえる！

出典：各社HP、IR資料より作成（同上）

食品を「撒き餌」にして店内に呼び込むという手法を用いています。いま地方ではこの食品強化型が、正統派を上回る勢いで成長しています。

Chapter8 02

マツキヨココカラが業界再編に拍車をかける

大都市圏でのトップシェア争いはマツキヨココカラ＆カンパニー vs. イオンの様相になってきました。地方では、成長を続けるコスモス薬品の勢いに、競合企業がどのような戦略で対抗するかが注目されています。

マツキヨココカラ＆カンパニー
マツモトキヨシHDと7位のココカラファインは2021年10月の経営統合に調印済み。マツキヨココカラは、共に駅前、繁華街の一等地を押さえた一等地連合であり、首都圏・京阪神のトップシェアを確立した。この新たなトップ企業の誕生が、今後の業界再編に大きな影響を与えることになる。

スギ薬局
2019年にスギ薬局とマツモトキヨシが、相次いでココカラファインとの経営統合の検討に入ったと公表し、争奪戦の結果、マツキヨココカラの誕生となった経緯がある。

マツキヨココカラは大都市圏での優勢を確立

マツキヨココカラが経営統合を果たしたことで、大都市圏のドラッグストアのトップシェアはこの企業がおさえることになり、短期間で逆転するには限られた選択肢しかなくなりました。イオングループであるウエルシアHDの傘下に入らなければ、マツキヨココカラに追いつくのは難しい状況です。図表（P.147上）の店舗配置をみれば、マツキヨココカラが成立する前に、大都市で強いスギ薬局が、ココカラとの提携に名乗りを上げていた理由がなんとなくわかるのではないでしょうか。

マツキヨココカラは、首都圏、京阪神という人口規模が大きく、人口減少度も小さいエリアをおさえたことで、競合比でかなり有利になったといえるでしょう。ただし、大都市組は地方に出店エリアを拡大するノウハウはありません。地方ロードサイドとは、集客の仕組みが違うからです。かつてマツモトキヨシは、首都圏の外側にも進出しようとした時期もありましたが、うまくいかなかった経緯があります。このようなグループが今後成長を続けるためには、地方に強い企業をM&Aで仲間にするしかないでしょう。

マツキヨココカラ vs. イオン、対コスモス

残るドラッグ大手は、地方のシェア争奪戦を行うことになるのですが、市場縮小が避けられないマーケットでの大手同士の競争激化は、消耗戦が予想されます。地方争奪戦において注目すべきは、コスモス薬品の動向でしょう。

大手ドラッグの多くがM&Aと出店の合わせ技で成長してきたのに対して、コスモス薬品はM&Aを行わず、出店のみで、継続的な成長を維持して業界3位まで順位を上げてきました。九州か

▶ ドラッグストア大手の三大都市圏における店舗展開

都市圏	マツキヨ	ココカラ	マツキヨココカラ	ウエルシア	サンドラッグ	ツルハ	コスモス薬品	スギ薬局	クリエイトSD
首都圏	619	312	931	680	298	114	0	261	485
中京	52	149	201	67	68	9	27	419	13
京阪神	111	276	387	265	81	40	92	251	0

出典：各社HPなどより作成

▶ コスモス薬品の売上構成

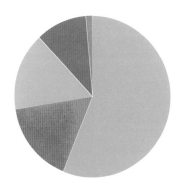

■一般食品　■雑貨　■医薬品　■化粧品　■その他

出典：コスモス薬局IR資料（2020年5月期）

▶ コスモス薬品商品別利益率と販売比率

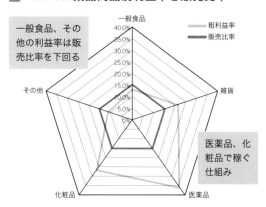

ら発祥したこの企業は、中四国、関西、中部と着実に物流センターを整えつつ、隣接地域に出店エリアを拡大していく作戦を進めていて、現在その店舗網は関東にも到達しています。食品を撒き餌として低価格で集客し、ついで買いでクスリ、化粧品などを買ってもらう戦略は、その商品別売上構成と粗利率をみれば一目瞭然です（図表下）。

　進出すると飽和することなくシェアを増やし続けるこの会社は、地方の消費者の高い評価を得て、同業および食品スーパーなどの大きな脅威となっています。今後この業界は、大都市圏のマツキヨココカラvs.イオン、地方の対コスモスという軸で、合従連衡がさらに進むことになりそうです。

ホームセンターの市場規模と主要プレイヤー

地方で存在感のあるホームセンター（以下HC）は地域ごとに群雄割拠の状況ですが、一括りにHCといっても、DIY、家具、農業資材など、企業によって軸となる商品ジャンルはかなり異なります。

地方で存在感あるHCは有力企業が群雄割拠

　日本DIY協会によれば、HCの市場規模は4兆円弱でほぼ横ばいが続いてきましたが、コロナ禍の巣ごもり需要の追い風で、2020年は大幅に増収となったようです（商業動態統計によれば前年比＋6.7%）。HCの利用目的は、家周りの需要であるため、庭の広い大型の一戸建てが多い地方で需要が大きく、集合住宅や狭小住宅が多い大都市中心部（いわゆる鉄道立地）においては、その存在感が薄くなります（P.149図表参照）。

　東日本のほうが西日本より利用額が大きいのは冬季ニーズ、除雪関連やスタッドレスタイヤ、チェーンなどが影響しているようです。こうした背景もあり、HCの上位企業は地方、郊外を地盤とする企業が多くなっています。

企業によってかなり異なるHCの商品構成

　HCの売上構成についてはDIY関連商品や園芸、ペット関連、家庭日用品などが割合としては多くなっています。購買頻度の高い家庭日用品を安く品揃えして集客し、利幅のとれるDIY関連商品を買ってもらうというのがパターンのようです。

　ただこれも、DIYに強いカインズ、ジョイフル本田、日用雑貨類の比率が高い大阪のコーナン商事、家具店出身のため家具インテリアが多いナフコや島忠というように、企業の考え方や出自によってかなり構成は異なります。HCとして、一括りとなっていますが、その取扱い商品は多岐にわたり、企業ごとにその印象もかなり違います。

　中でも、農業コンビニHCというべき、コメリは独特の存在であり、他社とは異なるビジネスモデルを確立しています。コメリ

▶ HCの都道府県別利用額（1人当たり／年間）

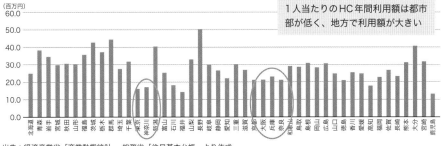

1人当たりのHC年間利用額は都市部が低く、地方で利用額が大きい

出典：経済産業省「商業動態統計」、総務省「住民基本台帳」より作成

▶ HC売上ランキング（2020年）

順位	企業名	売上	本拠地	
1	カインズ	4,410	群馬	地方、郊外部からエリア拡大を進めている企業がほとんど
2	DCMホールディングス	4,374	北海道	
3	コーナン商事	3,746	大阪	
4	コメリ	3,486	新潟	
	アークランド＋ＬＩＸＩＬビバ	2,582	新潟	単純合計
5	ナフコ	2,178	福岡	
6	島忠	1,535	埼玉	ニトリ子会社化
7	LIXILビバ	1,455	埼玉	アークランド傘下
8	アレンザホールディングス	1,377	福島	
9	ジョイフル本田	1,249	茨城	
10	アークランドサカモト	1,127	新潟	
11	ケーヨー	1,076	千葉	DCM持分子会社
12	ロイヤルホームセンター	843	大阪	ダイワハウス工業グループ

出典：各社IR資料

は1,000㎡以下の小ぶりの店舗を農村地域に数多く出店して、今では業界唯一の全国展開企業となりました。コメリは農協だけでは埋められない農家の資材ニーズを取り込むため、農協の資材供給、金融、農業情報サポートの3つの機能をカバーしています。店舗でリーズナブルな資材提供、コメリカードで収穫期一括払いを提供し、農業アドバイザー組織を編成して農家に情報提供する体制を整えるなど、農業者向けに特化したHCです。差別化されたビジネスモデルで着実に成長しつつ、収益をあげることに成功しており、その存在感は業界内でもかなり大きくなっています。

Chapter8 04

マーケット縮小をにらみ 再編が進むホームセンター

品揃えの多さが競争力になるホームセンターは、店舗の大型化を進めた上位企業を軸とした再編が進んでいます。今後、地方での市場縮小が避けられない環境下、再編はさらに進んでいくことになるのです。

店舗の大型化が競争力に直結したHC

平均売場面積
2005年の平均売場面積3100㎡と比較すると、15年で2割以上拡大している。

ホームセンター（以下、HC）は平均売場面積が3,822㎡（日本DIY協会）と、専門店チェーンの中では、最も店舗サイズが大きく、郊外の基幹店となると7～8千㎡以上の店も珍しくありません。ドラッグストアが500～1,000㎡、食品スーパーが1,500～2,000㎡あたりに比べると、かなり広い店舗であることがわかります。HCは、家というキーワードで括られた幅広いジャンルの商品を取り扱っていますので、広い売場面積で豊富な品揃えを行える店舗の方が、一般的には競争力が高いのです。そのため、**出店規制**が緩和された1990年代以降、売場面積は徐々に大きくなっていきました。

出店規制
1990年代まで大規模店舗の出店を規制する法律、大規模小売店舗法により3000㎡以上、500㎡以上の出店には2段階で規制がかけられていた。1990年の日米構造協議で非関税障壁として米国から緩和を要求されると、実質的な条件緩和が実施された。これ以降、大型商業施設が数多く出店されるようになった。

そうなると、既に地方の有力HCとなっていた企業が、大型店投資を行って隣接地域に進出するという競争が始まり、古いタイプの中小HCは急速に淘汰されていきました。そして、有力HC同士の競争の時代になってくると、2006年には業界有力企業ホーマック（東日本）、カーマ（中部）、ダイキ（中四国）の3社が経営統合して、DCMホールディングスが誕生して業界トップを奪取するという大きな統合も発生しました。その後のDCMはいくつかの地域HCを傘下に入れて、業界トップクラスを維持、2020年にはニトリと島忠争奪戦を行いました。

再編
2020年には他にもアークランドサカモトとLIXILビバが経営統合を発表するなど、有力企業同士の再編が起こった。

今後も有力HCを軸として、更なる再編が進む可能性は高いと言えるでしょう。

今後のマーケット縮小で再編はさらに進む

業界11位までは売上1000億円以上という状況になっても、さらに再編が進む理由は、HC市場規模が一戸建てで暮らす世帯数

▶ HC売上ランキング20年前との比較

2000年

順位	企業名	売上（億円）
1	カインズ	1,767
2	ケーヨー	1,576
3	ホーマック	1,560
4	コーナン商事	1,519
5	カーマ	1,214
6	コメリ	1,212
7	東急ハンズ	967
8	ジョイフル本田	961
9	トステムビバ	891
10	島忠	744
11	ダイキ	655
12	エンチョー	535
13	アークランドサカモト	515
14	ジュンテンドー	514
15	ロイヤルホームセンター	420
16	一号館	398

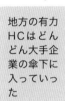

地方の有力HCはどんどん大手企業の傘下に入っていった

2020年

順位	企業名	売上（億円）
1	カインズ	4,410
2	DCMホールディングス	4,374
3	コーナン商事	3,746
4	コメリ	3,486
5	ナフコ	2,178
6	島忠	1,535
7	LIXILビバ	1,455
8	アレンザホールディングス	1,377
9	ジョイフル本田	1,249
10	アークランドサカモト	1,127
11	ケーヨー	1,076

LIXILビバ
⇒アークランドサカモト傘下

島忠
⇒ニトリ子会社化

ケーヨー
⇒現DCM持分法子会社

出典：各社IR資料、『ホームセンター名鑑2002』HCIより筆者作成

とリンクしていることもあるでしょう。これまでは地方の一戸建て世帯のニーズに対応してきたHCですが、地方では今後人口減少が加速しますので、その市場規模は急速に縮小に向かいます。縮小が見えているため、統合して生き残るしかないというのがおおかたの認識であり、特に大手に圧迫されている中小HCの危機感は大きくなっています。

　また、成長が望めない中、収益を確保するための手法としてPB化を進めるという流れも再編の背中を押しているといわれています。PB開発には規模の利益が働くため、再編による規模拡大が早道だからです。これからもまだまだHCの再編は続きそうです。

Chapter8
05

ECシフトが進む家電市場と主要プレイヤー

商品による差別化が困難な家電量販店業界は規模の利益が働き、上位5社でシェア9割の寡占市場です。ECシフトが進む家電市場ですが、設置やメンテという需要もあり、量販店が共存する余地は残されています。

上位5社でシェア9割を超える寡占市場

　家電量販店の市場規模は2020年で4兆8千億円弱と、2017年以降4年連続での拡大基調となっています。2020年はコロナ禍の巣ごもり需要によるAV機器、生活家電の売上増加、リモートワークの浸透による情報機器の伸びがありました。家電量販店の主要プレイヤーはヤマダ電機、ケーズホールディングス、ヨドバシカメラ、エディオン、ビックカメラとなっており、この5社と傘下企業の売上合計は市場の9割を超える寡占マーケットです。

ECシフトが進む家電市場

　家電量販店市場を寡占するようになった量販店大手ですが、近年はECの脅威に向き合ってきました。家電製品は品番を価格ドットコムで検索すれば、同じ商品がどこで安く買えるかすぐにわかります。そのため、ECとの親和性も高く、経済産業省の統計ではEC化率は32.7％と、事務用品・文房具や、映像音楽などのコンテンツに次ぐレベルで、ＥＣ化が進んでいます。毎年その規模は拡大しつつあり、リアル店舗にとって無視できない存在です。

　ただ、このEC家電の中には、家電量販店のEC売上も含まれています。ヨドバシ、ビック、ヤマダ、上新4社の合計は3,488億円に達し、EC家電全体の約2割に伸びてきました。家電は、設置に手間がかかる、メンテナンス、長期保証が必要、といったニーズも高く、大きな価格差がなければリアル拠点のある家電量販店のECサイトで購入するという消費者が増えているようです。

　家電は、ショールーミング、ウェブルーミングが交錯するネットとリアルの行き来が激しい商品であり、量販店とECとが競いつつも共存していく状況が続くと考えられます。

ショールーミング
リアル店舗がECのショールームのように使われてしまい、リアル店舗で説明を聞いてから、ECサイトで購入するという購買行動を指す。

ウェブルーミング
ネット上で商品情報を調査、比較検討してから、リアル店舗で購入するという購買行動で、アフターサービスのニーズがある商品で多く発生するとされる。

家電量販店商品別販売額

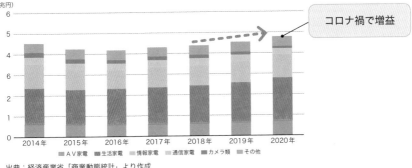

コロナ禍で増益

出典：経済産業省「商業動態統計」より作成

家電量販店の主要プレイヤー

郊外型電器店系

ヤマダ電機、ケーズホールディングス、エディオン

- 郊外ロードサイドに大型店を展開していたタイプ
- 売場の小さい競合他社を淘汰することで成長してきた

カメラ店系

ヨドバシカメラ、ビックカメラ

- 元はカメラ機器を中心に取り扱っていた
- 大都市ターミナルに超大型店を出店し、品揃えでライバルを圧倒してきた

家電EC市場と量販店シェア

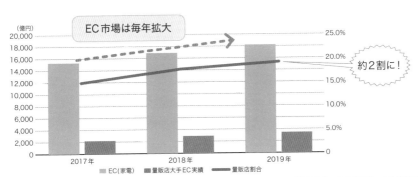

EC市場は毎年拡大

約2割に！

出典：経済産業省「電子商取引に関する市場調査」、『月刊ネット販売』2020年10月号「第20回ネット販売白書」より筆者作成

Chapter8
06

逆張り戦略で差別化を実現
ドン・キホーテ

一般のチェーンストアの逆張りで差別化を実現したドン・キホーテは、総合スーパーの再生にも成功し、今や国内有数の小売グループに成長しました。今後も、一般消費者への適合が長期的課題として残っています。

チェーンストアの逆張り戦略で差別化を実現

　1989年に、府中で1号店をスタートしたドン・キホーテは、24時間営業で深夜需要を開拓することで成長しました。総合スーパー長崎屋を傘下に入れ、再生を果たしたドン・キホーテの持株会社PPIHは、大手総合スーパー、ユニーをも傘下におさめ、いまや総合スーパー再生請負人といわれる存在となっています。

　ドン・キホーテの強みの源泉は、既存のチェーンストアに対する「逆張り」に集約されるといえます。圧縮陳列、派手なPOPを駆使して、店舗を「魔境」と称する宝探し空間として作り上げています。

　また、店舗への大幅な権限委譲を行い、個店の判断による仕入、陳列によって、その成果を競い、信賞必罰の人事で社内競争を活性化しています。これらは、中央集権的なチェーンストアにはない仕組みであり、この「逆張り」が差別化を実現し、ドン・キホーテを成長させてきました。

時間制約のある一般消費者への対応が最大の課題

　ただ、ドン・キホーテの強みである宝探し空間としての店舗は、多くの多忙な消費者にとっては非効率な空間であるため、地域需要を高いシェアで取り込むタイプではありません。このことを自ら理解している同社は、特定エリアにドミナント展開せず、全国に薄く広い店舗網を展開しています。そして、仮に全国シェア1割をピークとしても、まだ1兆円弱の成長余地があります。

　総合スーパーの後継者として、名乗りを上げたドン・キホーテにとって、今後の最大の課題は、マーケットの大半を占める時間制約のある顧客層の取り込みです。ただ、ドン・キホーテの顧客

長崎屋
総合スーパー大手ながら、2000年に会社更生法を申請して経営破綻。その後の経緯には紆余曲折あるが、2007年にはドン・キホーテ（現PPIH）が買収した。その後、PPIHグループ内に子会社長崎屋として存続している。

圧縮陳列
縦方向にうず高く積み上げる陳列方法であるが不便な面が多く、一般的には行われない並べ方。逆張りのドン・キホーテならではの他社にはない陳列。

時間制約
ほとんどの消費者にとって生活必需品の買物は補充のためのやむない作業として行われており、なるべく早く済ませたいと考えている。また、多忙な日々を送る就業者が増えているため、買物に割く時間は最小限にしたいとする意識が働き、時短で買物をしようとする習性がある。

▶ PPIH（パン・パシフィック・インターナショナルホールディングス）　業績の推移

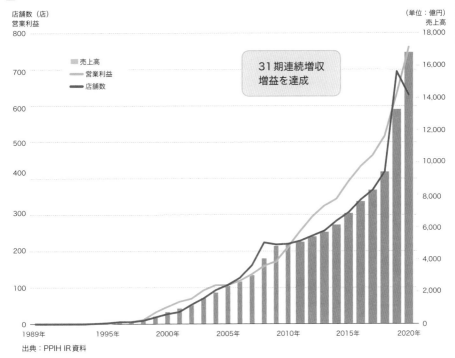

店舗数（店）
営業利益

（単位：億円）
売上高

■ 売上高
■ 営業利益
■ 店舗数

31期連続増収
増益を達成

出典：PPIH IR資料

▶ PPIHグループ企業（国内リテール部門）

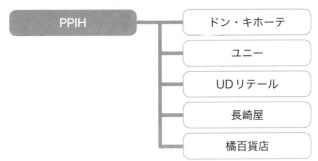

PPIH
- ドン・キホーテ
- ユニー
- UDリテール
- 長崎屋
- 橘百貨店

層であったかつての若者が、時代を経てファミリー層を構成していることや、高齢化の進行で時間的余裕のある層が増え続けるという環境変化は、追い風となることが予想されます。

　成長余地も大きいドン・キホーテは成り行きでの成長を維持しつつ、そのアニマルスピリットで顧客層の大幅な拡大に成功し、国内最大の総合小売業になる可能性を持っています。

アニマルスピリット
血気、野心的意欲、動物的衝動などといった合理的には説明できない期待によって事業を拡大しようという人間が持っている本能。

Chapter8 07

北海道から全国展開 大都市攻略も進めるニトリ

地方から全国展開し大都市攻略を進めるニトリは、製造小売業として競合を圧倒する成長力と収益力を実現しました。ITをベースにしたそのサプライチェーンの力でデジタル化への対応も進んでいます。

地方から全国展開し、大都市攻略を進めている

　北海道から地方ロードサイドに大型店を展開して成長したニトリは、全都道府県への進出も実現し、大都市部への進出を強化しています。ホームセンター島忠を子会社化して、首都圏に62店舗を獲得していますが、決算上、まだ売上として反映していません。島忠の2021年8月期売上計画1,565億円を加味すれば、8,700億円規模のグループとなっていますので、小売業全体のランキングでも11位に相当する存在まで大きくなりました。インテリア雑貨中心の小型店デコホームの展開を進めつつ、カジュアルアパレルN+も着実に出店して、大都市における総合化に向けて布石を進めています。

製造小売業のインフラを生かしたデジタル対応

　ニトリのこの成長力の源泉は、製造小売業としてのサプライチェーンにあります。家具、インテリア雑貨のほとんどを、利益率の高いPB商品で構成することができるニトリは、小売業界屈指の収益力を確立しています。早くからPOSを活用したITシステムで、生産、物流、販売のサプライチェーンを自社内で統合し、在庫リスクの極小化に成功したことで、小売業界屈指の収益力を実現しているのです。

　元々、家具インテリア業界は、商品の単価も比較的高く購買頻度が低いため、在庫資金負担が重く、中間流通業者である問屋と在庫負担を分担することが一般的でした。また、生産、物流、販売の各段階で情報共有することもありませんでした。無駄な生産、過剰な在庫が一定幅のロスにつながり、その分も価格に上乗せされている業界でした。その中でニトリは、強みであるITインフ

▶ ニトリ売上時系列推移

■ 売上高（億円）（上数字）　■ 経常利益（億円）（下数字）

	7,169 / 1,384

34期連続増収増益を達成

6,423 / 1,095
6,081 / 1,030
5,720 / 948
5,129 / 875
4,581 / 750
4,172 / 679
3,876 / 634
3,487 / 621
3,310 / 591
3,142 / 535
2,861 / 474
1,567 / 190
1,087 / 130
489 / 35
308 / 19
177 / 13
103 / 5
43 / 1

1982年　1988年　1993年　1997年　2000年　2004年　2006年　2010年　2011年　2012年　2013年　2014年　2015年　2016年　2017年　2018年　2019年　2020年　2021年

出典：ニトリIR資料

▶ ニトリのビジネスモデル

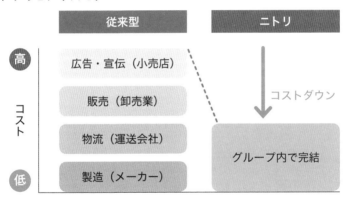

従来型	ニトリ

コスト　高

広告・宣伝（小売店）
販売（卸売業）
物流（運送会社）
製造（メーカー）

コスト　低

コストダウン

グループ内で完結

ラを生かして、デジタル化への対応を進め、無駄やロスを取り除く製造小売業という体制を実現したことで、「お、ねだん以上。」の商品を消費者に提供する唯一の家具インテリア専門チェーンとなったのです。PBで売場を構成できる体制は、EC時代においても自社サイトでPBを買ってもらえるという強みとなり、結果につながっています。2021年2月期でニトリの自社ECサイトでの売上は705億円と全体の1割弱まで成長しています。併せて、アプリ会員も2020年2月期以降522万人、908万人と増やして、2022年には1,300万人を目標にしています。

Chapter8
08

専門店が集積する巨大施設
ショッピングセンター

ショッピングセンターの販売額はピーク時で33兆円という巨大な存在ですが、コロナ禍の影響で大きく落ち込んでいます。主要プレイヤーは地方のイオンモール、大都市圏の大手不動産会社、JRなどです。

ピークの販売額は33兆円という巨大な存在

ショッピングセンター
いわゆるイオンモールやららぽーとといった郊外の大型ショッピングモール、または駅ビルのルミネやアトレなど。

キーテナント
商業施設の核になる店舗のこと。一般的には総合スーパーや食品スーパーなどがその位置づけとなっていることが多い。

　専門店の集積である**ショッピングセンター**（以下、SC）の販売額は、2009年から増加傾向が続き、2018年にはピークの33兆円弱に達しました。2019年若干減少となった後、2020年にはコロナ禍の影響で大きく落ち込み、25兆円弱となっています。ここでいうSCは複合的商業施設で店舗面積1,500㎡以上、**キーテナント**以外10店舗以上で構成し、キーテナント面積割合が8割未満といった施設のことです（日本ショッピングセンター協会の定義）。

　2019年出店の1施設当たりの平均売場面積は、15,839㎡ですのでかなり広い商業施設というイメージです。駐車場も合わせるとさらに広い場所が必要になりますので、立地場所としては、地方、郊外が8割以上を占めており、大都市駅前立地は2割以下です。

主要プレイヤーはイオン、大手不動産、JR

　SCの主要プレイヤーというと、地方ではイオン、大都市では大手不動産（三井不動産、三菱地所、東急不動産など）、大手百貨店グループ（高島屋、PARCOなど）、JRといった顔ぶれとなります。不動産事業者としてテナントの賃料を計上するタイプと商業施設の売上全体を計上するタイプとがあるため、その正確な事業規模を比較するだけの情報開示がないため単純には比較できません。

　従来は大都市への集中、地方の人口減少などから、地方のショッピングセンターの淘汰が進み、大都市型モールに売上の比重が高まると言われてきました。長期的にはこうした傾向に変化はないものと考えられますが、コロナ禍によって東京一極集中に一旦

▶ SCの主な立地

（新立地区分）
中心地域：人口15万人以上の都市で、商業機能が集積した中心市街地
周辺地域：上記中心地域以外の全ての地域

（旧立地区分）
中心地域：当該市・町・村の商業機能が集積した中心市街地
周辺地域：中心地域に隣接した商業・行政・ビジネスなどの都市機能が適度に存在する地域
郊外地域：都市郊外で住宅地・農地などが展開されている地域（新立地区分では周辺地域扱い）
※2008年から2015年（左）までが旧立地区分、2015年（右）以降は現行の立地区分によるオープンSC数

▶ SCを運営する企業

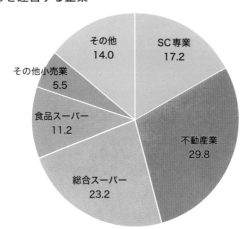

出典：日本ショッピングセンター協会（同上）

歯止めがかかった状況にあり、また、リモートワークなどの浸透
で大都市ターミナルは昼間人口が減少して、周辺の商業は全般的
に落ち込みが大きくなっています。SCも当面は、こうした動向
が継続するかどうかを十分に見極めていく必要がありそうです。

ダイソー　移動販売から出て、生活雑貨の定番ショップへ

コロナでダイソーはさらに成長中

　全国展開に成功した専門店チェーン、100円ショップ「ダイソー」で知られる大創産業は、広島発祥の企業です。国内店舗3,762店、海外24か国に2,272店、売上高5,262億円（2021年2月）というグローバル展開のチェーンを築き、100円ショップという業界を世に広めました。

　業界2位セリアの売上が2,007億円、業界3位キャンドゥの売上が730億円ですので、業界内シェアも圧倒的です。

　100円ながら極めてコスパの高い商品を、あらゆるジャンルにわたって提供販売する100円ショップは、もはや生活に欠かせない店舗となっています。また、300円、500円などと価格帯を拡げ、一般の生活雑貨と同機能でお値打ち感を訴求し、さらなる市場開拓にも取り組んでいます。コロナ禍による巣ごもり需要の追い風を受け、ダイソーはさらに消費者の暮らしに深く入り込むことを目指しているようです。

過去の経営危機がダイソーを作った

　創業時、ダイソーは便利グッズ、アイデアグッズの移動販売を営んでいました。売れ残り品などを処分価格でまとめて買い取って、安価に売りさばく、「バッタ屋」と呼ばれる商売です。商品をトラックに載せて大きなスーパーの催事場を短期間借りて、売りさばくのです。1個100円程度の処分価格で売るため人気を呼び、値札をつける暇もないほど、お客が集まりました。そのため値段を100円に統一して値札付けを省略し、個数を数えるだけで代金計算できるようにしました。

　その後、大手スーパー、ダイエーの催事場から締め出されたことで存続の危機に陥り、スーパーの近所に固定店舗を展開したのが今の100円均一ショップの基になりました。今や大手専門店チェーンの一角を占めるダイソーも生きるか死ぬかの危機対応から生まれた業態だったのです。

第 9 章

各業態の知識　EC

EC（Electronic Commerce）企業とリアル店舗
小売業とは対立する概念ではなく、いま両方の側面を
持っている企業がほとんどです。リアル店舗こそが売
場といった固定概念を捨てれば、ECとリアルが共存
する未来が見えてきます。

Chapter9 01

EC市場動向と商品別市場の構成

EC市場は年々拡大を続けており、うち物販ECは2019年で10兆円超に達しています。ただ、商品ジャンルによってECにシフトしている割合は、かなり異なっているようです。

拡大を続ける物販EC市場規模は10兆円越え

EC市場推移
ここではBtoC（消費者向け）ECの規模を取り上げている。

経済産業省「電子商取引に関する市場調査」によればEC（電子商取引）市場は、年々拡大を続けており、2019年では19.4兆円に達しています。この勢いはコロナ禍による取引の非接触化ニーズもあって、さらに加速することが確実です。

小売業に関係する物販ECの中では、衣料・服飾雑貨の1.9兆円、食品の1.8兆円、生活雑貨・家具・インテリアの1.7兆円などが規模的には大きくなっています。ただ、ジャンル別でのECの普及度合いを示すEC化率を見ると、ECの規模が大きいジャンルでも普及率が高いとは言えないようです。

EC化率は商品によって大きく異なる

ECの存在感が高いジャンルとしては、事務用品・文房具、書籍・映像・音楽ソフト、生活家電、AV機器、PC周辺機器などがあります。いずれも製品の品質がメーカーによって担保されているジャンルでは、ECでの取引が浸透するという結果となっています。こうした商品は、その機能がスペック表などからすぐにわかり、店頭で品質の確認をすることなくネット上で調べるだけで購買の判断ができます。つまりECとの親和性が高いと言えます。

かたや、EC化率の低いジャンルは、品質にバラツキがあり鮮度の確認などが困難な食品、高額かつ体験が重要な自動車、法規制のある医薬品などとなっています。

衣料品などフィッティングが必要になる製品も、本来はECには向いていないと言えますが、試着代わりに返品を幅広く受け入れるという形である程度利用者を増やしてきました。ただ、これも無駄な返品の増加という問題を抱えているため、こうした手法

▶ EC市場推移（物販、サービス、デジタル）

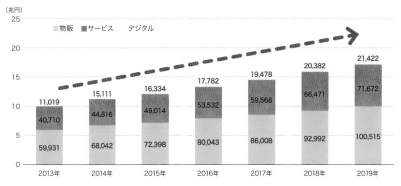

（兆円）

凡例：■ 物販 　■ サービス 　□ デジタル

年	デジタル	サービス	物販
2013年	11,019	40,710	59,931
2014年	15,111	44,816	68,042
2015年	16,334	49,014	72,398
2016年	17,782	53,532	80,043
2017年	19,478	59,568	86,008
2018年	20,382	66,471	92,992
2019年	21,422	71,672	100,515

サービス系分野：旅行、飲食、チケット、金融、理美容
デジタル系分野：電子書籍、音楽、動画配信

▶ 物販系分野内のEC化率

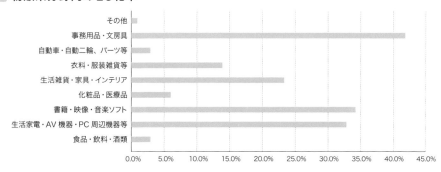

出典：経済産業省「電子商取引に関する市場調査」より作成（同上）

品質や機能を店頭で確かめる必要がないジャンルの製品は、EC化率が高い

をこのまま続けられるわけではないでしょう。デジタルフィッティング技術が一般的にならないと、衣料品とECとの本当の親和性は確立できないと考えるべきでしょう。

　いずれにしても、製品などの性質や規制による制約があるジャンルは、そのハードルが解決するまではEC化の動きが緩慢となりそうですが、ECの存在感がこれからも大きくなることに変わりはないでしょう。

デジタルフィッティング
衣料品など採寸を体ごとスキャンする形で3Dデータを取得してデジタルに採寸する手法。技術的には既にあるので、どのように導入するかで普及が左右される。

165

Chapter9
02
どこでも買い物ができる
ECの基本的な仕組み

スマートフォン（スマホ）経由のECが普及したことで、EC市場は今後さらに拡大が見込まれています。一方、ECの利便性向上で急拡大する物流量にインフラ構築が追いついていないという課題が明らかになっています。

スマホ経由ECの普及で利便性が格段に向上

ECの仕組みも一般的な小売業の仕組みと基本的には同じです。リアル小売業における店舗の役割がネット上の売場に変わっているだけですので、2章2節で触れた商流と物流から成り立っていることに変わりはありません。

決済手段の面でも、入会審査が必要なクレジットカードだけでなく、QRコード決済などハードルが低いキャッシュレス決済が普及し、ECの利便性が高まっています。いまや、ECの利便性はリアル店舗に対して圧倒的な優位性を持っていて、ネット親和性の高い商品（EC化率の高い商品）に関しては、急速なECシフトが起こっていますし、これからさらに進んでいくでしょう。

リアルな物流面のコスト管理が課題

ECの仕組みとして留意すべきことは、ネット上の取引になっているのは、受発注、決済などの商流に関わる流れだけだということです。

消費者は店に行くことなく、家からでも出先からでも移動中でも買い物をすることができるのですが、買った商品の受け渡しというリアルの工程を省くことはできません。近年、そしてコロナ禍によってさらに急拡大したECにとって最大のネックは、物流が急速にひっ迫しつつあることです。

ECによってビジネスチャンスは大きく広がっているのですが、個別配送を伴う物流のキャパシティを短期間で拡大することは容易ではありません。EC運営者と物流業者は連携して、再配達を削減する取り組みや、店舗や宅配BOXによる受け取り、置き配制度の導入など、さまざまな仕組みを整えて、配送能力を捻出す

置き配
宅配便の受け渡しとして、不在時に玄関などに置いて帰ることで受け取りに変えることを共用する受け取り方法。再配達を削減するために導入が進んでいるが、紛失盗難のリスクが問題となっている。

▶ 商流と物流で成り立つECの仕組み

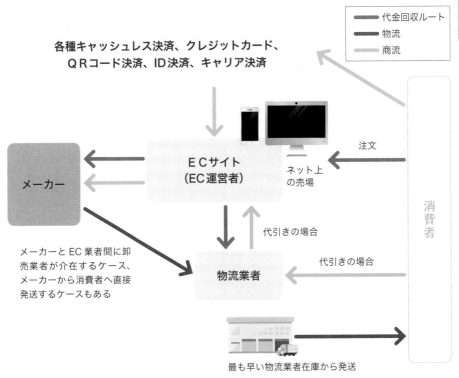

各種キャッシュレス決済、クレジットカード、
QRコード決済、ID決済、キャリア決済

凡例：
- ━━━ 代金回収ルート
- ▓▓▓ 物流
- ━━━ 商流

ECサイト
（EC運営者）

ネット上
の売場

注文

消費者

メーカー

メーカーとEC業者間に卸
売業者が介在するケース、
メーカーから消費者へ直接
発送するケースもある

物流業者

代引きの場合

代引きの場合

最も早い物流業者在庫から発送

売場がバーチャルになっ
て、店舗の立地という制約
がなくなったECは、ネッ
ト端末を使っている人全員
をターゲット顧客とするこ
とができた

＋

スマホがほとんどの人に普
及し、いつでもどこでも
ECで買うことができる環
境が整った

るための努力を行っています。しかし、イノベーションが進んで
物流が労働集約的な構造からドローンなどの**ロボティクス**を駆使
した無人化にまで達するのは、かなり先のことだと予想されます。
EC企業にとっては、当面は物流コストが高騰していくことを十
分に視野に入れたコスト管理が必要になってくることは確実です。

ロボティクス
ロボットやドローン
など、人の代わりに
作業をする機械に関
連する研究開発を指
す。

167

ECが変えたマーケティングの世界

カタログ通販など従来型通販もEC拡大の影響を受けており、その対応を迫られています。ECは既存小売業のマスマーケティングを圧倒し、そのシェアに大きな影響を与える可能性があるのです。

マスマーケティング
企業が市場セグメントの違いを意識せずに、1つの戦略で市場全体にアピールする戦略。代表的なのがテレビCM。

通信販売
代表的なものがカタログ通販。カタログを人の集まる場所に無料で置いたりして、電話やはがき、ネットなどで注文をとるというもの。

分析
例えば、（商品情報×顧客属性）の集積＝売上と考えるなど。

従来型通販もEC化時代への対応を迫られている

EC全盛の昨今ですが、これまでにも通信販売という業界は存在しており、小売業の中で相応の存在感がありました。カタログ通販は競合ECの攻勢を受けて、減収が続いていましたが、今では受注の大半がネット経由になっているようであり、カタログもあるEC企業へと変わっているようです。

テレビショッピングは今でも緩やかに拡大基調ですが、ジャパネットたかた、ジュピターショップチャンネル、QVCジャパンなどが代表格で、テレビ番組枠を買い取ったり、通販専門チャンネル上で、通販番組を制作して商品を紹介、販売するという形態です。EC上では見られないような商品の提案、説明ができるという利点もあり、今でも高齢者を中心に根強いファンがいます。テレビショッピングも、受注に関しては、かなりの部分がネット経由にシフトしつつあります。

ECによってマスマーケティングは過去のものに

カタログ通販企業は、ECとの競合に苦しみ、またEC対応体制整備に手間取り、業績が伸び悩んでいる企業は少なくありません。それは、既存のカタログという媒体には固定費（カタログ製作費用）がかかるため、伸び悩む局面ではコスト面での調整が難しいという構造上の理由があります。そして、本質的なことを言えば、これらの従来型通販は、マスマーケティング発想であったことが伸び悩みの大きな原因と考えられます。ECの場合、その商流がすべてネット上で行われるため、顧客とのやり取りはすべてデジタルデータで蓄積されることが前提です。顧客ごとに集積したデータから分析し、経営判断を行っています。しかし、従来型通販、

従来型通販企業の売上推移

No.	企業名	主業種	売上高（億円）2015年	売上高（億円）2020年	増減率
1	ジャパネットたかた	テレビショッピング	1,559	2,405	154.3%
2	ジュピターショップチャンネル	テレビショッピング	1,395	1,611	115.5%
3	ベルーナ（通販部門）	総合通販	1,012	1,232	121.7%
4	QVCジャパン	テレビショッピング	963	1,205	116.4%
5	ディノス・セシール	総合通販	1,122	1,049	93.5%
6	千趣会	総合通販	1,343	833	62.0%
7	ニッセン	総合通販	1,573	341	21.7%

出典：各社IR資料、HP

マスマーケティングとデジタルマーケティング

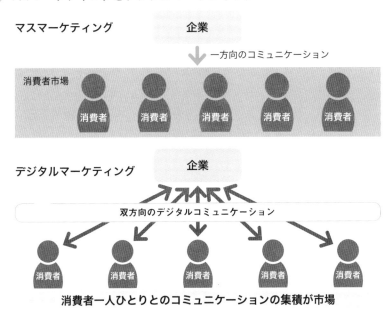

特にカタログ通販の基本発想はカタログ部数の投入に連動して売上が決まるといった考え方でした。このため、今では考えられないかもしれませんが、従来型通販は一部を除いて、データに基づいたマーケティング分析をあまり行っていませんでした。

　これは、ECに限った話ではなく、ID-POS分析に立ち遅れた小売業には厳しい結果が待っているという先行事例であると言えるでしょう。

Chapter9 04

ECモール出店と自社ECサイトの メリット、デメリット

大手ECモールの存在感は圧倒的になりつつあり、EC参入はモールへの出店が一般的となりました。しかし、大手ECモールインフラへの依存は自社のマーケティング機能の低下を招きかねません。

簡単ではない自社ECサイトの構築

　ECをスタートする場合、一般的にはECモールへの出店という形をとるほうが無難です。自社でECサイトを立ち上げるには、そのインフラ構築に相応の投資が必要で、維持管理にも手間ひまがかかります。たとえ、自社ECサイトを立ち上げることができたとしても、多くの消費者にアクセスしてもらうことは簡単なことではありません。ネットの世界では、検索上位に上がらなければ、存在しないも同じだからです。ECモールであれば、全体として膨大なアクセスがありますから、売上につながる可能性は高くなります。

　自社ECサイトでそれなりの存在になるためには、知名度や資金力があるほうが有利です。そのため、EC初心者の企業は大手ECモールへの出店が多くなっており、ECモールの品揃えや集客力はさらに強化されていきます。

ECモールインフラへ依存のメリット、デメリット

　ECモールに出店して、そのインフラを活用する利便性は高いのですが、モールに対しては少なくない手数料（初期費用、売上に応じた手数料）を納めなければなりません。モール内でも競争がありますから、モールにコストを払って出店したからと言って、売上が保証されるわけでもありません。

　また、モールの集客機能に依存していると、自社のマーケティング機能は育成できませんし、インフラへの依存がECモール側の交渉力を一方的に強めていきます。巨大な規模を持つECモールが提示するさまざまな条件を、出店者側は事実上拒めなくなりつつあります。

さまざまな条件
2020年、楽天が出店者に向けて通知した送料の無料化は一部出店者との争議となり、公正取引委員会が乗り出したということを覚えている方も多いことだろう。

▶ 自社ECサイトと大手ECモールの違い

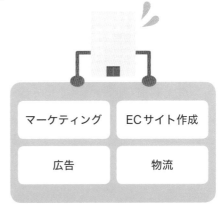

自社ECサイト

メリット
- 自社にマーケティング機能が備わる

デメリット
- 集客が難しい
- インフラ整備のコストと手間がかかる

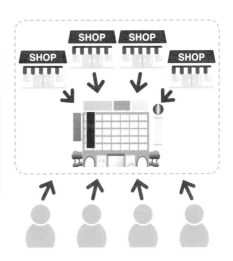

大手ECモール

メリット
- 集客力があり売上につながる可能性が高まる
- インフラ整備のコストや手間がかからない

デメリット
- 自社にマーケティング機能が育たない
- 依存性が高まれば交渉力が弱まる

　「株式会社いつも」というベンチャー企業は、メーカーなどのEC構築支援を行う企業ですが、事業として大手ECモールの出店者に対する支援を行っています。これが事業として成立していること自体が、いまや大手ECモールとの付き合い方は簡単ではないことを示しています。こうした背景からも、最初はECモールで実績を積みながら、次の段階でさまざまな投資や維持費がかかる自社ECサイト構築を進めるという企業が多いようです。

株式会社いつも
主に中小企業のEC出店支援を事業とするベンチャー。2021年4月には、「中小出店者のブランドを買収して自社の傘下で成長させる取組が始まる」という報道もされている。（日本経済新聞2021年4月21日）。

Chapter9
05

ECチャネルと新たな「経済圏」

ECにおける主要プレイヤーは大手ECモールと自社サイト大手から構成されています。現在では、主導権を握るのはEC事業者というより、デジタルプラットフォーマーであり、「経済圏」競争でしのぎを削っています。

大手ECモールの圧倒的な存在感

　物販ECにおける主要プレイヤーといえば、楽天、Amazon、Yahoo!ショッピングです。ECモールという位置付けで、さまざまな店舗がテナントとして入っているモールを運営しており、リアルのショッピングモールと似た存在となっています。

　自社サイトでのEC販売額をみた場合には、1位Amazon、2位ヨドバシカメラ以下、ZOZO、ビックカメラ、ユニクロ、デルといった企業が大きなECチャネルを構築していますが、その規模はEC取引所的な存在であるECモールと比較すれば、小さい存在でしかありません。Amazonに関しては、マーケットプレイスというECモールとしての側面と、Amazonが仕入販売する百貨店的ECとしての2つの機能を備えており、どちらのランキングでもトップクラスの実績をもっています。EC全盛の時代となりつつありますが、自社ECサイトを作ればEC化ができるというものでもなく、ランキングに名を連ねるような企業以外は、ECモール内に出店するのが一般的です。多くの物販企業にとってのECチャネルとは、デジタルプラットフォーマーの決めたルールの中で商売をするしかない状況だということです。

デジタルプラットフォーマーが目指す経済圏構築

　Amazon、楽天といったECモールや、携帯キャリアなどのデジタルプラットフォーマーにとって、そもそもEC物販そのものはビジネスモデルの中心ではありません。ECを拡大することで消費者との接点を増やし、購買行動に関するデータを収集していくこと、そしてその範囲を拡張して消費者ビッグデータを蓄積することが本当の目的です。

デジタルプラットフォーマー
サービスの基盤となるシステム、インフラを提供する事業者で世界的な代表企業はGAFA（Google、Amazon、Facebook、Apple）を指すことが多い。日本でも楽天や3大携帯キャリアがビッグデータの軸としてその存在感を競い合っている。

▶ **主要なECモール**

▶ **自社ECサイトでの売上ランキング（2019年）**

No.	企業名	主業種	売上高（億円）
1	Amazon	EC	17,443
2	ヨドバシカメラ	家電量販店	1,386
3	ZOZO	アパレルEC	1,255
4	ビックカメラ	家電量販店	1,081
5	ユニクロ	カジュアルアパレル	832
6	デル	パソコンメーカー	630
7	オイシックス・ラ・大地	食品通販	613
8	ディノス・セシール	通販	582
9	ジャパネットたかた	TV通販	580
10	上新電機	家電量販店	571
11	千趣会	通販	490
12	ジュピターショップチャンネル	TV通販	490
13	アスクル	事務用品通販	486
14	マウスコンピューター	パソコン通販	470
15	イトーヨーカ堂	総合スーパー	452
16	キタムラ	カメラ	450
17	ヤマダ電機	家電量販店	450
18	ニトリ	家具インテリア	443
19	MOA	家電ECサイト	371
20	QVCジャパン	TV通販	336

ECモールと比べると小さい売上規模

出典：『月刊ネット販売』2020年10月号

　それが証拠にAmazonの企業収益の柱は、企業向けのクラウドサービスを提供するAWS（アマゾン・ウェブ・サービス）部門です。ECビジネスはインターナショナルでの事業拡大を優先して、いまだに低収益率で推移していますが、投資家がこの会社を支持しているのは本当の目的であるビッグデータインフラ構築に向けて着実に進んでいることを評価しているからです。

　日本国内においては、Amazonに加えて、楽天や携帯キャリア大手3社が、ECなどにおけるデジタルインフラ構築にしのぎを削っています。スマホ、キャッシュレス決済、ポイントなどをベースにした「経済圏」の国内での覇権争いの真っ最中なのです。

クラウドサービス
ユーザーがネットワークを経由して、外部組織が保有する情報システムから各種ITサービスの提供を受ける仕組み。AmazonはAWS事業によるインフラ提供を主要な収益源としている。

デジタル経済圏の覇権争いが激化

**プラットフォーマーの経済圏の拡張競争は本格化しつつあり、そのスピード
を加速するために大型のアライアンスも活発になっています。この経済圏と
共存していくためには、自社の立ち位置を確立する戦略が求められます。**

楽天、携帯キャリアの経済圏競争は今後、本格化

　EC市場で大きな影響力を持つAmazon、楽天はそのIDを通じ
て、日本国内の膨大な購買データを蓄積しています。このIDを
軸としたビッグデータが着々と整えられることに加え、例えば、
楽天が持つ事業分野（EC、カード、銀行、証券、モバイルなど）
で得られるデータをIDを軸に括ることで、個人単位での生活も
分析可能な基盤が整えられていきます。これらは携帯キャリア大
手3社（NTTドコモ、au、ソフトバンク）も同様です。携帯番
号やIDを軸にデジタルデータを統合することで、自らのデジタ
ル経済圏を構築しようと激しい陣取り合戦を進めています。消費
者との多様なデジタル接点を持つことが、経済圏の目的であり、
その趣旨で言えばECという購買データの集積は大きな存在では
ありますが、消費者の生活を伺い知るツールの一つという位置づ
けです。こうしたデータのすべての起点となるのは今や肌身離さ
ず持ち歩く生活必需品であるスマホであり、携帯キャリアはプラ
ットフォーマーとなる資格ありとして名乗りを上げているのです。
プラットフォーマーは、本業との相乗効果があると考える分野は
自社で展開しますが、それ以外の分野はアライアンス（連携）に
よって消費者との接点を強化していきます。これからはこうした
ビッグデータを軸として業界を超えた大型のアライアンスが数多
く起こってくることになります。

アライアンス
Yahoo!とLINEの
経営統合はこうした
経済圏規模拡大の動
きであることがよく
わかる。

プラットフォーマーとの共存共栄の方向性とは

　こうしたインフラの上でシェア競争を行っているEC企業は、
いずれはこうしたプラットフォーマーとの共存を前提として、自
社の存在価値を高めて、連携する価値をアピールする必要がある

▶ 国内プラットフォーマー勢力図

	楽天	ソフトバンク	NTTドコモ	au	LINE
決済	楽天ペイ 楽天Edy 楽天カード	PayPay ヤフーカード	dカード ドコモ口座	au PAYカード WebMoney	Visa LINE Payカード
ポイント	楽天ポイント	Tポイント[1]	dポイント	Ponta[1]	LINEポイント
銀行	楽天銀行	ジャパンネット銀行	―	au じぶん銀行	―（準備中）
投資・運用	楽天証券	One Tap BUY YJFX!	ポイント投資[1]	auカブコム証券 auアセットマネジメント	LINEスマート投資[1] LINE証券、BITMAX
保険	楽天生命、 楽天損保	Yahoo!保険	―	au損保	LINEほけん
通信	楽天モバイル	ソフトバンクモバイル ワイモバイル	ドコモ	au、UQ mobile	LINEモバイル[2]
EC	楽天市場	PayPayモール PayPayフリマ	dショッピング	au PAYマーケット	―
モビリティー	―	DiDi	GO[1] ドコモ・バイクシェア	―	―

経営統合

2021年7月末時点での情報
※1：グループ外の会社との連携
※2：2021年4月からソフトバンクの子会社化

いかに消費者とのデジタル接点を強化していくか、激しい競争が繰り広げられている

でしょう。小なりといえども、特定のマーケットの分析に欠かせないデータホルダーを目指すということです。プラットフォーマーはあくまでもインフラの提供者であるため、消費者との接点をすべて自社内で保有することは効率的ではなく、コンテンツとして有力な企業とはアライアンスで共存する戦略を選ぶことになるからです。

　そのためには、こうした将来の構図を見据えて、コンテンツ企業はターゲット市場における高いシェアの確保と自社顧客の幅広いデータ蓄積に、明確な戦略をもって臨んでいく必要があります。

コンテンツとして有力な企業

プラットフォーマーが作る経済圏とはインフラであり、実際の消費者との接点は各参加企業が各々のコンテンツで構築するというイメージ。

Chapter9

07

今後本格化が期待される
リアル店舗とバーチャルの連携

リアル店舗網を持つ既存小売業のECチャネル強化はまだ十分とは言えない
状況ですが、ECとリアル店舗が相互連携していく取組は始まったばかりで
あり、その今後に期待が持たれています。

ECシフトが簡単には進まないリアル小売業

　ECが大きな存在感を持って成長を続ける中で、店舗小売業も
座視している訳ではなく、多くの企業が自社ECチャネルを構築
し、EC化の潮流に乗り遅れまいと努力を続けてきました。しかし、
ECランキング上位の店舗小売業でも、売上に占めるECの割合は、
ヨドバシカメラ19.7%、ビックカメラ12.2%、ユニクロ（国内
売上比）16.9%といった水準であり、店舗での売上に依存してい
ることに変わりはありません。ましてや、他の多くの店舗小売業
では、EC売上の割合はわずかであり、ECシフトはあまり成功し
ているとは言えません。一等地の立地、熟練した接客、洗練され
た陳列などの店舗小売業の持つ経営資源や強みは、ECではほと
んど役には立ちません。また、多くの従業員や設備を抱えた店舗
小売業は、いきなり店舗を減らしてしまう訳にもいきません。既
存店舗を抱えた多くの小売企業は、簡単にはECシフトに舵を切
れないという面もあるのです。既存店舗とECとの併存、これが
店舗小売業の大きな課題です。

既存小売のECチャネル連携はこれから本格化

　店舗小売業のECチャネルとの連携に関して、さまざまな取り
組みが行われていますが、①店舗のショールーム活用、②受け取
り拠点化による集客、③ECによる品揃え拡張とポイント消費、
④アプリによる顧客接点強化などが挙げられます。ショールーム
化とは店舗がショールームと化して、消費者が商品情報のみを一
方的に得て、他社ECサイトで購入してしまうというネガティヴ
な捉え方もありましたが、今ではリアルの商品情報発信拠点とし
て購買に結びつけようという取組を行う企業も増えています。ア

▶ リアル小売店のEC連携施策

店舗のショールーム活用

例）マルイやGU

試着は店で　　購入はECサイト

- 店舗で売ることを目的とせず、消費者に体験を提供することで消費を生み出すビジネスモデル
- あえて「売らない店」まで出店している

受け取り拠点化による集客

例）コンビニエンスストア

ネットで注文した商品が受け取れるサービス

- 全国津々浦々に展開しているコンビニの場合、ECの受け取り拠点となることも来店の動機として活用しようとしている

アプリによる顧客接点強化

例）良品計画

- 自社サイト内での「いいね」やコメント発信でポイントが付与されるなど、顧客がアプリを触る仕掛けを用意し、コミュニケーションを強化する

ECによる品揃え拡張とポイント消費

例）ヨドバシカメラやビックカメラ

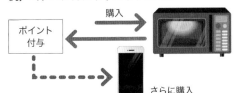

- 貯まったポイントを、ECサイト上でしか販売していない商品（例えば書籍など）購入で消費してもらう

プリの活用としては、良品計画のアプリPassportが成功事例とされています。アプリを提示して購入する際のみならず、サイト内での、いいね、やコメント発信でもポイントを付与するなどして、アプリを触ってもらえる仕掛けをさまざま用意しており、店舗への送客、顧客とのコミュニケーション、EC売上拡大といった効果を生んでいます。このように、ECとリアル店舗は対立する概念ではなく、相互連携して売上を伸ばしていくという方向性に進みつつあるのです。

お金を払っても買いたいデータ、その使い道は？

顧客データには大きな価値

　筆者は銀行アナリスト時代、某ネット企業が従来型通販の買収をする際の、買収価格の妥当性の検証に参加したことがあります。買収を計画していたネット企業が、通販会社の財務的な価値よりはるかに高額な価格算定をしていたので、その妥当性を検証するためでした。

　彼らの論拠は、通販会社の顧客リストにある属性を含んだ購買履歴データを、購入する対価として計算したものでした。新規顧客発掘にかかるコストは1件あたり○円なので、新規顧客獲得コスト×一定割合掛け目×顧客数＋財務価値＝買収価値だというシンプルな論理でした。検証メンバーは、顧客ビッグデータに対価を支払っても入手する価値があるという判断は、妥当なものだという結論に至りました。

データはさまざまな用途がある

　この事案はかなり前の話ですが、

当時からネット企業では、データベースマーケティングを当たり前のことと認識していました。一方、従来型通販企業側にはデータベースを活用するという意識は極めて希薄でした。従来型企業には属性付き顧客リストと膨大な購買履歴が蓄積されていましたが、全く活用されていませんでした。ネット企業の幹部たちはなぜデータ活用しないのか不思議がっていましたが、マスマーケティングしか経験のない従来型通販の経営陣は、ピンと来ないようでした。

　その後、買収は成立し、通販会社はネット企業の傘下に入りました。ただ、ネット企業がその後行ったデータ活用とは、顧客データを使った消費者金融でした。通販の購買履歴と属性を分析して、消費者ローンのニーズの有無を割り出してアプローチし、金融収益を獲得することが真の目的だったようです。ネット企業幹部の、「通販会社の封筒で借入明細がきても家族に知られないから、つまみやすいんですよ（笑）」という言葉にゾッとしたことを覚えています。

第 **10** 章

小売業界の展望と課題

小売業のあり方は、社会環境の変化や技術革新によって、変わって行きます。5Gが可能にするIoTの実現、人口減少、高齢化の進展などが及ぼす影響を考えます。

Chapter10 01

コロナ禍を経て加速するECシフト

コロナ禍は確実にEC市場拡大の追い風となり、リアル小売業のECシフトもこれまで以上に進みました。なかでも製造小売業が顕著な実績を示しており、ECとの親和性を証明しつつあります。

コロナ禍で前倒しされたECシフト

　コロナ禍によって買物の非接触化ニーズが高まり、ECへのシフトは加速することになりました。ここ数年の国内物販ECの成長率は年7〜8％で推移してきましたが、コロナ禍の2020年はかなり急拡大しました。当然ながらコロナ禍によるさまざまな制約を前提とした結果ではありますから、コロナ終息後に全く同じ水準を維持するとはいかないでしょうが、コロナ禍がECシフトを前倒したことは間違いありません。

　これまでEC化率も低く、浸透が進まなかった食品中心のネットスーパーも2020年度で大きく拡大したようです。これまでは若干抵抗があったネットスーパーも、やってみると便利さがわかったといった事例も多いらしく、コロナ終息後も利用拡大が期待できると言います。

ECシフトを牽引する製造小売業

　現在、さまざまな既存小売業がECへのシフトを進めており、大手リアル小売のECチャネルも、大幅な売上増加を達成しています。なかでも、ニトリは6割増、ファーストリテイリング（ユニクロ、GUなど）は4割増（中間決算）、良品計画（MUJI）は37.9％増、と大幅なEC増収を達成したようです。こうしたECシフトが順調な企業を見ると、やはり自社オリジナル製品（PB商品）で売場を構成できる製造小売業がECには有利だとわかります。

　百貨店においては、接客体験を差別化要因としてリアル店舗とECとを行き来してもらうO2O空間の構築を急いでいます。三越伊勢丹は、**リモート接客アプリ**をリリースして、オンラインでの

O2O空間
Online to Offline。ネット上（オンライン）からリアル（オフライン）での行動へと促す施策、例えば、ネットの情報収集からリアル店舗での購入を促す手法や場を指す。

リモート接客アプリ
チャットによる会話、ビデオ動画接客、リモート決済の機能を備えたスマホアプリで、自宅にいながらリアル店舗商品を購入できる。遠隔地の消費者でも三越伊勢丹の基幹店の品揃えが見られるとして好評。

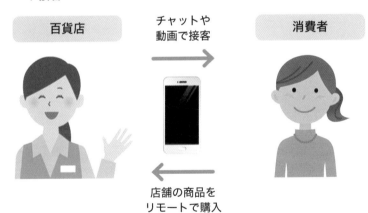

▶ 小売大手のEC売上と増減（2020年）

企業名	売上増加率※	売上高（億円）	備考
イオン	35.0%	700	
イトーヨーカドー	38.2%	75	
ライフコーポレーション	76.0%	53	Amazonと提携
ファーストリテイリング	29.3%	1,076	
良品計画	37.9%	162	変則6か月
ビックカメラ	37.0%	1,487	
高島屋	16.2%	345	
Jフロントリテイリング	40.0%	100	
コメリ	11.1%	140	
上新電機	25.5%	717	
ニトリ	59.2%	705	

コロナ禍でネットスーパーが急速に浸透した

※前年比
出典：各社IR資料より

▶ リモート接客アプリのイメージ

百貨店　チャットや動画で接客　消費者

店舗の商品をリモートで購入

接客強化も打ち出しています。各社の事情に合わせた、デジタルチャネル構築へのチャレンジは続いています。

Chapter10 02

5G時代の到来が小売業にもたらす変化

今後、5G環境が急速に普及していくことで、IoTが着実に進展します。AR、VRによる接客のレベルアップや物流の自動化が進み、ECインフラの整備はこれまで以上に整備されることになります。

5G環境の整備でECはさらなる進化の可能性

2021年時点で、5Gインフラは個人のスマホがつながるかどうかというレベルであって、とてもBtoBで機能している状態ではありません。ただ、あと数年でビジネスの世界は、5Gを前提としたものに変わっていきます。これまでは実態的にはぶつ切れになっていた（人間は気付かない程度、ただ、IoT機器には不適）データ通信が、常時安定して大量データをやり取りできる環境が整うようになります。これまでに開発され、実用化を待つ状態のIoT機器が、一気にビジネス環境に実装されることになるのです。

これは、商流のデジタル化に留まっていたECのビジネス環境を大きく進化させます。AR、VR、AI、ロボティクスの導入が当たり前になれば、ECはさらに大きな進化を遂げるからです。

ぶつ切れのデータ通信
現在のデータ通信は人間が気付かない短い通信切断が常に起こっている状態にある。切れ目なく大量データをやり取りするIoTが本当に実現するためには5G環境の整備が必須。

接客、物流をさらに進化させるIoTの本格化

ECは商流をデジタル化していますが、その商品情報などの提供、接客面においては、リアルとはまだ大きな隔たりがあり、消費者の満足度をさらに上げていく余地が多く残されています。AR、VRが当たり前の環境になれば、買物体験はかなりリアルに近づけることができるため、これまで以上にECで十分な環境が整うことになるでしょう。

また、ドローンを含めたロボティクスの進化も加速することは間違いありません。技術革新が加速することで、将来的には労働集約的な物流のラストワンマイルが自動化し、物流の大幅な省人化も見えてくることになるでしょう。これまでは願望でしかなかったECの情報流、物流のデジタル化がこれからの時代は急速に進化していくことは間違いありません。

ラストワンマイル
物流において最後の段階である個人宅やオフィスなどへの個別配送は工程が細かいので、効率化が難しい。そうした最後の1マイルの配送をロボットやドローンによって自動化する試みが今後の課題。

▶ AIやARにより、よりリアルな買い物体験が味わえる

アバター接客などはこれまで以上に普及していく。AIの進化が進めばAI接客なども実現に向かう素地ができていくだろう

▶ 物流のラストワンマイルが自動化する

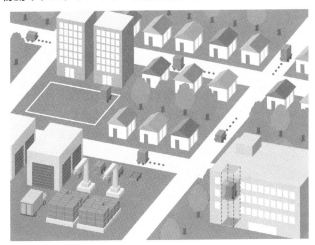

地域集配センターではロボットが荷物を積み下ろし、自動走行ロボットが受取ボックスまで配送する

Chapter10 03

消費者の行動を分析し
新たなビジネスへつなげる

デジタル化とは、アナログな環境をデータ化するということであり、ここに
さまざまなビジネスチャンスが生まれます。いかに「自動的に」「ローコス
トで」デジタル化するかが勝負です。

アナログ環境のデータ化にビジネスチャンス

　　いまの時代はデジタル化の前段階であるデジタルデータ化の時期にあります。アナログな世界をセンサーや人為的なデータ入力によってデータ化するやり方を模索している時期だといっていいでしょう。消費者の購買データは、消費者の需要を知る上で非常に重要な指標であり、このデータを自動的に収集する仕組みを作ることが求められています。

　　ECが注目されるのは、小売ビジネスにとって最も関心の高い購買行動に関するデータ蓄積を効率的に行えるチャネルだからと言っていいでしょう。デジタル時代の小売ビジネスは、そうした消費者のある一面のみのデータ収集に留まるのではなく、データを消費者の行動分析に活用することで、いかに新たなビジネス創出につなげていくかという、デジタル時代の要請を念頭に置いたものでなければなりません。

いかに手間なくデジタル化するか競い合う時代

　　現時点のベンチャー企業のビジネスモデルの大半はこの「**アナログ環境のデジタルデータ化**」がキーワードとなっています。今、さまざまなセンシングを開発するベンチャーが花盛りですが、それは画像データ、音声データなどから対象物の状況を、デジタルデータとして取り込むための手法を競い合っているのです。

　　また、センサーなどで自動的に取得しづらいデータに関しては、フリー家計簿ソフトを提供する**マネーフォワード**のように、メリットある無料アプリを提示して消費者に自主的に入力させたりするというビジネスモデルもあります。これらは一見すると全く異なるビジネスモデルのように見えますが、アナログ環境のデジタ

アナログ環境のデジタルデータ化
デジタル化が進んでも、アナログな活動についてデジタル記録がされないままでは、ビッグデータとして利用ができない。例えば、店舗内を歩き回る客の動線は現状では把握できないが、スマホと店舗内のデジタルポイントをつないで室内位置情報を記録できれば、アナログな室内動線情報はデジタル化可能になる。

マネーフォワード
家計簿アプリを無料提供することで、消費者の家計データを取得し、そのデータを活用して、新たな金融サービスを構築しようとするフィンテックベンチャー。

▶ デジタル店舗化に向けた取り組み事例

―― スマートショッピングカート ――

・タブレット端末とバーコードリーダーが装着されたショッピングカート

・客が自分で商品のバーコードをスキャンし、レジ待ちすることなくキャッシュレス決済することができる

・購買履歴等にもとづくレコメンド、クーポンの配信

―― リテールAIカメラ ――

・AIによる商品棚の画像解析で欠品を検知し、データを蓄積することで発注量・陳列量の適正化に寄与する

・客がどの商品を手に取ったか、棚前で立ち止まったかなどの分析結果を記録する

出典：トライアルホールディングス（グループ会社のRetail AIが開発した機器をトライアルカンパニー運営の店舗で活用）

▶ マネーフォワードの仕組み

ルデータ化という意味合いでは共通点があるのです。消費者ビジネスに関わるものが今後認識すべき点は、何をデジタル化するか、自社がどうマネタイズできるのかということです。

Chapter10
04

D2Cが生み出す
リアル店舗の新しい価値

EC拡大が進む中でも小売の主流は当分の間、リアル店舗であることに変わりありません。しかし、ECをベースにした新たなリアル店舗が現れ始めており、今後その存在感を増す可能性は高いでしょう。

まだまだ小売の主流はリアル店舗

ECが急速な拡大を続ける中で、リアル店舗はなくなってしまうのか、といったことが話題になることがよくあります。米国ではアマゾン恐怖指数という株価指数があり、リアル小売の衰退が現実となっています。実際のところどうなのでしょうか。少なくとも、EC利用率の低い高齢者がデジタルネイティヴ世代と交代するに従って、ECが拡大することは確実です。ここ何年かのペースが続けば2029年には6.8兆円増えて、EC物販市場は17兆円程度に拡大する計算になります。とはいえ、これでも小売市場（除く自動車、燃料）118兆円の14%強といった水準です。コロナ禍によってECの拡大が加速したと言っても、リアル店舗がまだまだ小売の主流であることは間違いありません。

アマゾン恐怖指数
アマゾンの収益拡大や新規事業参入の影響を受け、業績の悪化が見込まれる米国の小売関連企業で構成された株価指数。今やリアル店舗型の小売業はEC企業の前に淘汰されるという予測でつくられた。

ECを前提とした新しいリアル店舗は拡大へ

ECで買って何の問題もないのであれば、わざわざ時間をかけて店舗に行く必要はないでしょう。故あってEC化率が低い商品を除いて、リアル店舗はEC化による継続的な減収圧力を受け続けることは間違いありません。

そうした中で、店舗はショールームに徹し、ECの顧客接点の場所に徹するという「売らない店」という発想も出てきています。例えば、D2CベンチャーであるFABLIC TOKYO（D2Cオーダースーツ）は丸井と定期賃貸借（定額の家賃支払い）のテナント契約を結び、店舗を採寸・接客用の「売らない店」として活用しています。これまでの商業ビルテナントは、売上比例の賃料契約が一般的でしたが、売らない店では売上計上されませんので、モール側は店舗売上を管理するわけではありません。その代わり、丸

D2C
Direct To Consumerの略。自ら企画、生産した商品を、小売業を介さず、直接消費者に提供していく販売手法。アパレル、化粧品、ハイテク機器などのベンチャーで、顧客と自社の世界観を理解してブランドを共に育てるコミュニティを作り上げていく関係性を目指していく。

▶「売らない店」概要

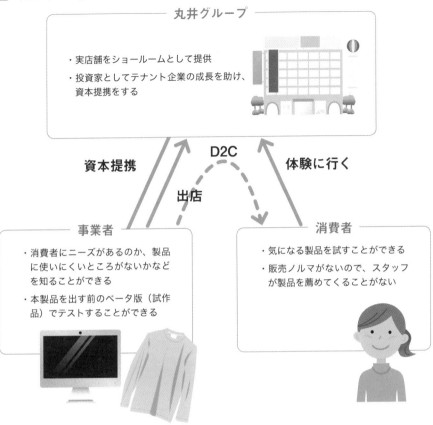

丸井グループ

・実店舗をショールームとして提供
・投資家としてテナント企業の成長を助け、資本提携をする

資本提携　D2C　体験に行く

出店

事業者

・消費者にニーズがあるのか、製品に使いにくいところがないかなどを知ることができる
・本製品を出す前のベータ版（試作品）でテストすることができる

消費者

・気になる製品を試すことができる
・販売ノルマがないので、スタッフが製品を薦めてくることがない

井グループはFABLIC TOKYOと資本提携を行っており、投資家としてテナント企業の成長を助け、投資の果実を得るという新たな関係を構築しています。丸井は多様なD2Cベンチャーをテナントとして発掘すべく、b8ta（ベータ）という体験型店舗やポップアップストアも誘致しています。さまざまなD2C企業に、消費者との接点の場としてリアル店舗を提供し、かつ資本提携することで、丸井の企業インフラ、ネットワークも提供されています。テナントとモールの定期賃貸借を前提とした新たな関係構築は、今後他の商業施設に拡がっていくことになると予想しています。

ポップアップストア
期間限定で出店する店舗。EC企業がプロモーションやテストマーケティングを目的としてリアル店舗を活用する例も増えてきた。

Chapter10 05

デジタル武装でチェーンストア理論を超える

利益追求のために接客を軽視してきたチェーンストア理論は、デジタル化でその修正を迫られています。デジタル武装により従業員参加、現場発想を実現し、モチベーションを持てる組織作りを目指す必要があります。

デジタル化で修正を求められるチェーンストア理論

　チェーンストア理論は、中央集権的な組織を前提としており、多店舗をチェーン本部の指揮命令の下、効率的に動かして最大の利潤を生み出すための仕組みです。さらに、セルフサービス、センター集中、物流短絡化などによるコストダウンで、商品の低価格化を実現し、大量販売による粗利額の極大化によって、収益を最大化するという理論です。セルフサービスによるコスト削減効果が、接客が生む利益より当時は大きかったということです。

物流短絡化
物流は経路を短く、かつルートを減らすことがコスト削減につながるため、物流センターなどを活用して、その経路の全体量を減らすことで効率化を図る。

　現在では、チェーンストア同士の厳しい競争の中で、他社との差別化が求められています。デジタル化によってコストがほとんどかからない接客ができるなら、チェーンストアはデジタル接客で武装する方向に向かうのです。

デジタル化でチェーンストア民主化の可能性

　デジタル時代の店舗は、さまざまなセンサーを用いて顧客の行動を把握し、顧客ごとに購買行動と決済情報を併せたビッグデータを把握しています。データ分析の結果を踏まえた、最適な品揃えを行って、店舗顧客宛てに最適な提案を行うことが、物理的に可能になっているはずです。そうしたインフラを踏まえて、店舗ごとの環境分析を行ったり、顧客分析を行って、さまざまなアイデアを出していくことも可能になるはずです。こうした個店における分析とアイデアをチェーン全体で競争するようになれば、アイデアの成否ということに留まらず、チェーン従業員の、モチベーション向上に大きな効果があるはずです。

　チェーンストア理論における、従業員のロボット的な位置付けは、人間の本質に反するものです。デジタルインフラ整備を契機

▶ チェーンストア理論とこれからのチェーンストア

これまで

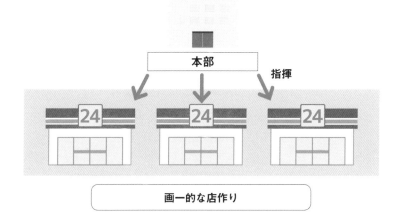

これから

に、従業員が積極的に組織作りや店舗作りに参画できる仕組みを作っていかねばなりません。デジタルインフラだけ一流の仕組みが整ったとしても、運用する従業員の多様なアイデアを活用しなければ、その企業の成長は見込めません。デジタル武装で、従業員が成長できる環境を整えられるチェーンストアこそが、持続可能なチェーンストアとなれるのです。

Chapter10

06

地域一番店になるか
ローコスト一番店になるか

人口減少高齢化の進む地方では、需要縮小が懸念されていますが、地域一番店は生き残ります。ローコスト化によって損益分岐点を下げるという選択肢もあり、地方でも生き残る余地は十分あるはずです。

右肩下がり前提の地方でも一番店は生き残る

　人口減少、高齢化という避けられない環境変化に伴って、小売業は右肩下がりの環境を前提とした経営が必要になってきます。また人口規模の大きい団塊世代が、後期高齢者となる2025年以降は人口の減少が顕著になると懸念されています。こうした消費縮小の影響は全国一律という訳ではなく、大都市部では緩やかに、地方では目に見えて顕在化していきます。

　こうした環境下で、店舗ビジネスは市場縮小の影響を受けて一定期間がたてば店舗の売上は下がり、ある時点で損益分岐点を割り込み赤字店舗となります。ただ、商圏内の下位の店舗から順に損益分岐点を割り込み、市場から退場させられることになるので、地域一番店に限れば、最後まで収益を確保しつつ存続することが可能です。さらに言えば、退場する店舗の顧客も閉鎖後には吸収しますので、一番店は売上を増やすことも可能です。これからの地方の人口減少エリアでの店舗ビジネスは、地域一番店か否かによって、その持続性は大きく異なるということです。

地域一番店になれずともローコスト一番店という手も

　右肩下がりの環境での一番店というのは、単純にエリアで一番売上が大きい店が残るということではなく、あくまでも損益分岐点売上を大きく上回るという意味ですから、損益分岐点が極めて低い（運営コストが低い）店舗として生き残ることが可能です。このタイプの企業としては、ベビー用品ショップの西松屋や、農家のコンビニホームセンター、コメリといった企業が知られています。西松屋は店舗売場面積1,000㎡くらいが標準的なサイズですが、損益分岐点売上を概算すると約1.4億円となります。コメ

西松屋
ベビー用品専門店チェーンの大手。地方や郊外のロードサイドでローコスト店舗経営に定評のある企業。店長が複数店を担当する仕組みなど、人件費をかけないオペレーションなどでも有名。

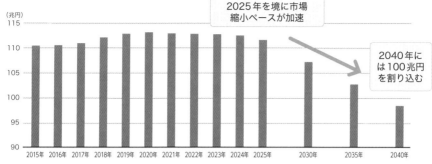

▶ 日本の小売市場（小売販売額）の長期見通し

注1：自動車・燃料小売を除く
注2：1世帯あたりの支出額×各年の世帯数の推計により算出、インバウンドについては勘案せず
注3：2023年以降は経済成長および物価変動を考慮しないベース。本推計は「消費の出礎部分」としての位置づけ。経済
　　成長は市場押上げ要因となり、可処分所得・消費性向の低下は下振れ要因となる
出典：経済産業省「商業動態統計」、国立社会保険・人口問題研究所「日本の世帯数の将来推計」、総務省「家計調査」な
　　どより、みずほ銀行産業調査部作成

▶ 損益分岐点の低い店舗小売業

西松屋

売上高（百万）	142,954
粗利（百万）	49,776
粗利率（％）	34.8
販管費（百万）	47,867

簡易損益分岐点売上（百万）	137,471
店舗数（店）	1,006
店舗あたり損益分岐売上（百万）	137

コメリ

売上高（百万）	337,326
粗利（百万）	108,155
粗利率（％）	32.1
販管費（百万）	100,933

簡易損益分岐点売上（百万）	314,918
店舗数（店）	1,197
店舗あたり損益分岐売上（百万）	263

注：売場面積1000㎡が標準
　　粗利率を変動比率、固定費は販管費として簡易的に算出
出典：各社IR資料（2019年度）

リも店舗売場面積は1,000㎡が標準で概算損益分岐点売上は約
2.6億円となっています。売場面積200㎡以下が標準のコンビニ
の平均売上が2億円程度ですから、コンビニの5倍くらい大きな
店を同程度の売上でなんとか維持できる店舗オペレーションを確
立しているところは大したものです。当然、業種特性はあり一概
には言えませんが、右肩下がりの中で生き残っていくには、地域
一番店を獲るか、ローコスト一番店になるかという努力が必要だ
ということです。

Chapter10 07

高齢化の地方を乗り切る コミュニティ共助

人口減少の進む地方のみならず、大都市郊外でも食料品の買い物に支障をきたす買い物難民は増えつつあります。地域コミュニティとの共助によって、新たな形のコンビニなどを発想していく必要があります。

買い物難民は大都市郊外でも今後課題に

地方の人口減少がこのまま進んでいけば、小売店舗が存続できるギリギリの商圏人口を割り込み、小売店舗が閉鎖してしまうといったことも数多く発生することになるでしょう。中でも食品を販売する店がなくなってしまうと、日々の生活に支障をきたすようになります。買い物難民問題などとも呼ばれるいわゆる**食料品アクセス**問題は、地方のみに留まらず大都市圏郊外の団地などでも既に問題となっている地域が増えつつあります。

農水省作成の食料品アクセスマップによると、首都圏である神奈川県においても、買い物が困難な人が多いことを表す赤い地域が多く表示されています。首都圏の大都市である横浜市内や川崎市内でも、駅から離れたバス便の団地などは、食料品の買い物さえかなり不便になっている地域がたくさんあるのです。

損益分岐点構造を根本から変える共助

食品を扱っていて最も損益分岐点が低い（商圏人口が少ない）業態といえば、コンビニということになりますが、高齢化団地内などでは一定以上の売上確保が困難で店舗として存続するのは難しいといえます。UR都市再生機構は全国各地にこうした高齢化した団地を多く抱えています。買い物不便さを解消することを目指して、URの団地管理会社が高齢化した800〜1200戸の大規模団地内でコンビニの加盟店になって、店を運営する取り組みを始めています。もっと小規模なコミュニティであれば、例えば、住民が共同でコンビニの加盟店となり、コンビニの商品供給ノウハウを活用すれば、あまり経験のない住民の運営でも食料品店の運営は可能です。また、労働基準法に基づく給与支払を前提とせ

食料品アクセス問題
日々の食料品の買い物に支障をきたしているとされる後期高齢者の数は、農水省の調査（2015年）では全国で、536万人（うち3大都市圏居住者219万人）いるとされている。高齢化社会における食料品供給インフラの維持は社会的な問題となっている。

▶ 食料品アクセス困難人口の割合（神奈川県、2015年）

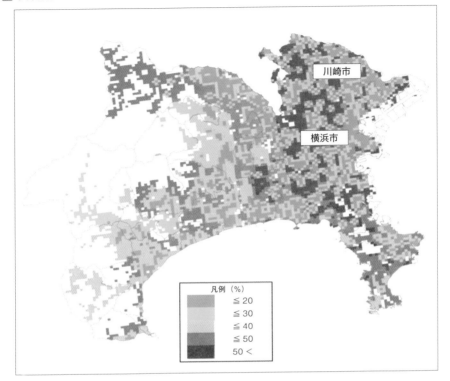

注1：アクセス困難人口とは、店舗まで500m以上かつ自動車を利用できない65歳以上の高齢者を指す
注2：アクセス困難人口の割合とは、65歳以上人口全体に占めるアクセス困難人口の割合を表す
注3：店舗は生鮮食料品販売店舗、百貨店、総合スーパー、食料品スーパー、コンビニエンスストアである
出典：農林水産政策研究所食料品アクセスマップ

ず、**有償ボランティア**という形で退職後のシニアのパワーを結集すれば、採算上は大幅に損益分岐点を下げることが可能です。

　コンビニ業界は既存の立地では、出店余地がなくなりつつあると認識し始めています。小さいながらも、数限りなくある買物難民コミュニティを、商圏として構築することができれば、コンビニの出店飽和をかなり緩和することになるはずです。

有償ボランティア
実費や交通費やそれ以上の金銭を得るボランティア活動のこと。住民参加の地域活動という位置づけであれば、こうした考え方で組織運営していくことも今後の食料品アクセス問題の解決になりうると考えられる。

持続可能な小売業を目指すために

求められるSDGsを
意識した経営

SDGsを意識した経営が求められるようになった昨今、大量生産大量廃棄という流通の考え方自体を変えていかねばなりません。無駄なものは作らないという発想を、小売も強く意識する必要があります。

SDGsを意識した経営が求められている

　消費者との接点の最前線である小売業は、SDGs（持続可能な開発目標）を意識した経営を行わなければ、社会的に存続を許されません。身近なところでは、レジ袋の有料化によるマイバック利用促進などが挙げられます。プラスチックごみの削減という国策に沿ったものではありますが、企業としてもこうした環境負荷への配慮を意識していかなければなりません。これまでにも、リサイクルなどの取り組みは小売業において継続的に行われてはいました。資源ごみの回収拠点となっていたり、**食品リサイクル**に積極的に取り組むスーパーやコンビニ企業がありましたし、不要な衣料品を回収してリサイクルに取り組んでいるアパレル企業や百貨店などもありました。

　しかし、これからはリサイクルや環境保全運動に取り組むということに留まらず、ビジネスモデル自体が地球環境に与える影響を考慮しているのか、といった視点を持つことが必要になります。環境に負荷を与える商品を環境に配慮しないエネルギーを用いて売っているが、リサイクルに取り組んでいるからいいでしょう的な考え方は、次世代の消費者には通用しません。

大量生産大量廃棄の根本からの見直しが必要

　今の流通業界が最も意識すべきは、大量生産大量廃棄という、これまでチェーンストアが是としてきたやり方の根本的な見直しです。私たちは資本主義のロジックを前提としてビジネスを行っていますので、その論理でいうならば経営者は株主への利益還元を極大化することが目的となります。

　しかし、企業のステークホルダーは株主だけではありません。

食品リサイクル
余剰となった食品をただ廃棄するのではなく、肥料や飼料などに活用することで資源として無駄にしないように努めることで、廃棄物の減量や再生が食品リサイクル法（食品循環資源の再生利用等の促進に関する法律）にて義務付けられている。

▶ 食品ロスの主な発生要因

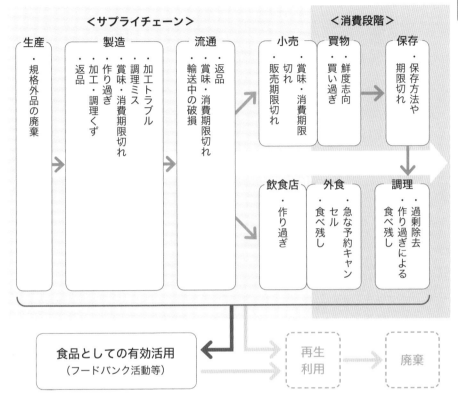

出典：消費者庁「令和2年版 消費者白書」

顧客である消費者は企業を選別するという意味で大きな力を有したステークホルダーです。顧客に選ばれるビジネスモデルを構築しなければ、株主の求める利益還元を極大化するという目的は達せられないことになります。大量廃棄を前提とした利益追求を消費者が是としないのであれば、必要な量だけを生産して消費者に届けていくサプライチェーンの構築こそが、企業の取り組むべき方向性なのです。これからの企業は、SDGsを前提としてビジネスモデルを再構築しなければ、存続が許されなくなると考えるべきでしょう。

デジタル化時代の小売業に必要な
オープンイノベーション

小売は技術革新の
紹介者でもある

　小売業は消費者の購買代行者として、生活を豊かにするための商品を消費者に届けてきました。さまざまな加工食品が調理の手間を省いてくれるようになりましたし、家電製品が我々の家事作業を代行してくれるようになりました。また、和裁や洋裁のできる主婦が家庭内で生地から衣服を作っていた時代から、既製服の時代となったことで巨大なアパレル産業が生まれるようになりました。

　製造業はさまざまな技術革新や製品開発によって、我々消費者の家事を代行してくれる製品を産み出しました。一方で、小売業は、そうした利便性を消費者に届ける存在であったといってもいいでしょう。その意味で、小売業自体は技術革新を産み出すことはできなくても、どのような技術革新が消費者の生活に付加価値を提供するのかを見極める力でその存在感を高めていたと考えることができるかもしれません。

求められる
オープンイノベーション

　小売業は、消費者生活に関わるイノベーションの現状や動向を敏感に把握していなければ、その存在意義が失われる可能性があります。

　例えば、かつては家事代行機能を持った製品を提供するということが付加価値となりましたが、デジタル化の時代にはいかに便利に提供するかということも、併せて要求されるようになりました。付加価値のある商品を提供するだけではなく、レジに並ばなくていい、代金決済の手間がない、といった特徴を持つ無人店舗を展開するなど、さらなる付加価値を提供する方向も求められつつあります。これからの時代、技術開発をしない小売業が、そうしたアンテナを張るためには、オープンイノベーション（技術開発基盤を持った製造業、ベンチャー企業など多様な企業の技術を広く取り入れる体制）という発想を持つ必要があるのです。

付章

情報収集のための
ヒント

小売業界や企業の情報をどのように集めればよいのか、
ポイントや役立つ資料を紹介します。

面接、商談は相手先の事前情報収集が成功の決め手

面接や商談予定の企業について事前に情報収集することは、相手先への関心度の現れです。さまざまな公開情報から相手先企業のことを知り、未公開の点について質問していくことで、相手にあなたの真剣さが伝わります。

情報収集は相手先への関心の証明

　就職活動や商談などで小売企業を訪問する場合、その企業が属する業界の動向や、企業の現状、戦略の方向性を把握しておくことが必要です。相手先企業について事前に調べておくことで、質問点を整理することができますし、相手先企業に対する関心の高さをアピールすることにつながります。

　相手が自分に関心を持っていることがわかれば、おのずと相手に対して好感を持つものです。そうすれば、面接や商談がスムースに運ぶ確率は高まります。質問をむやみに用意するのではなく、相手の事業環境や戦略を読み込んだ上でさらに踏み込んだ質問をするのが肝要です。

　面接や商談の相手先は、目の前のあなたの熱意や真剣度を値踏みしています。事前調査をきちんとしていなければ、見透かされてしまうのです。逆に、相手先の公開情報をきちんと踏まえていれば、少しぐらい解釈が間違っていたとしても好意的に教えてくれて、その場の会話が盛り上がることになります。

公開情報収集で多くのことがわかる

　次節以降、小売企業に関する公開情報について、一般的にアクセス可能なデータベースを紹介したいと思いますが、ここでは情報収集にあたってのポイントを整理しておきましょう。小売企業Aをターゲットとして情報収集しようとするならば、①Aが属する業界、業態に関する動向把握、②Aの経営動向と戦略方向性の把握、③Aのライバル企業の動向把握、そして可能ならば、④Aとその属する業界の将来像について想像力を働かせることが重要です。

▶ 情報収集した商談としない商談の違い

事前に調べておくことで具体的な質問に！
・ここ数年は○○市場は拡大していますが、貴社はそれ以上の成長で…
・貴社の来期の○○戦略に当社の〇〇サービスで○○の価値が…
・貴社の新たなPB○○はここが優れているので、ECに向いていると
　思うのですが…

当社の資料を
よく見てから来ている
これは本気だ

事前調査なく場当たり的な話に
・貴社の来期のテーマは何ですか？
・最近、どんな店をどこに出してい
　ますか？
・ECってやっていましたか？
・ウチの一押しは○○、ウチの…
　ウチの…、ウチの…

当社ことを
全く調べていないのか
HPを見れば分かるようなことを聞くなんて
自分の都合ばかりでうちのことに関心はないんだな
本気度がなさそうなので相手に
しないでおこう

👉 ONE POINT

官庁や業界団体のHP.IR情報をチェック！

業界、業態に関する情報は、基本的に官庁や各業界団体のホームページ（HP）など
から入手できます。そしてその業界、業態を構成する企業がどんな企業なのかは、
新聞やニュースなどでもわかります。当該企業のHPをチェックするのは当然として、
業界上位企業に上場企業があれば、そのIR資料の内容をチェックします。次節以降で、
もう少し個別の情報源についてご案内していきたいたいと思います。

業界の動向や主要プレイヤーを知るための情報収集

官庁統計や業界団体の調査から市場規模やその動向を把握することが可能です。公開資料がない場合でも、主要プレイヤーを把握してその動向を追っていけば、業界の動きはかなりわかります。

業界動向を調べる

業界動向を把握する基本情報として、まずは官庁統計を確認しておくことが必要です。小売業界に関する統計としては、経済産業省の「商業動態統計」のチェックは必須です。小売業全体の販売額、主要業種（百貨店、スーパー、コンビニ、家電量販、ドラッグストア、ホームセンターなど）の販売額等のデータが、月次、年次、時系列で掲示されていますので、業態ごとの市場規模やその動向を把握することができます。また、都道府県別や地域別のデータもあり、エリアごとの分析をすることも可能です。そのほかにも切り口を変えた詳細なデータがありますので、内容を確認してみてください。

また、統計、市場調査を発表している業界団体もあります。官庁統計の対象外の業態、例えば食品スーパーの動向などは、オール日本スーパーマーケット協会、日本スーパーマーケット協会、全国スーパーマーケット協会が共同で発表する「スーパーマーケット統計調査」で確認できます。月次、年次の販売動向が見られます。全国スーパーマーケット協会は「スーパーマーケット白書」「年次販売統計」といった詳細なデータブックも公開しています。業態、業種名、協会などをキーワードにネット検索することで、業界団体の資料が存在するかどうか、確認してみることをお勧めします。

日経MJ
Nikkei Marketing Journal。日経新聞社の流通関連の新聞で、各種の業界調査を実施している。業界内のランキング、プレイヤー確認に有効。直近調査については、発表日を検索の上、バックナンバーを確認する。

業界の構成企業を確認する

「業界・業態名」「ランキング」でネット検索すれば、その構成企業ランキングがおおまかに把握できます。より信頼性が高いランキングを見ようと思うなら、日経MJが毎年、発表している小

▶ 各種統計資料

■官庁統計

公表元	データ名	データ内容
経済産業省	商業動態統計	
経済産業省	電子商取引実態調査	
経済産業省	大規模小売店舗立地法（大店立地法）の届出状況について	大規模小売店の出店状況
国立社会保障人口問題研究所	将来人口推計	
内閣府	景気ウォッチャー調査	

■各業界団体

公表元	データ	対象業態
日本百貨店協会	百貨店販売統計	百貨店
日本チェーンストア協会	チェーンストア販売統計	スーパーデータ
全国スーパーマーケット協会等	スーパーマーケット販売統計　等	食品スーパー
日本 DIY 協会	年間総売上高とホームセンター数の推移（推計値）	ホームセンター
日本ショッピングセンター協会	SC 販売統計調査	ショッピングセンター
日本フランチャイズチェーン協会	コンビニエンスストア統計	コンビニエンスストア
日本通信販売協会	売上高調査	通販
日本惣菜協会	惣菜白書	惣菜市場
日本フードサービス協会	JF 外食産業市場動向調査	外食

▶ 商業動態統計の検索

経済産業省HPで確認できる。データはExcel形式、PDF形式などのファイルで提供される。

売業調査、専門店調査、百貨店調査、コンビニエンスストア調査等を確認することをお勧めします。これらの前年度の情報は、『流通・サービスの最新常識 日経MJトレンド情報源』（日本経済新聞出版刊）という本にまとめられています。経済資料の多い近隣の図書館を確認してみてください。

　官庁統計のない業態に関しては、この資料を何年分か集めると市場動向を推測することができます。例えば、100円ショップ業界には統計はありませんが、上記データから、大創産業、セリア、キャンドゥ、ワッツの上位4社の売上を時系列で集計すれば、市場動向や各社の勢いがすぐにわかります。

ライバル企業や上位企業の動向を知るための情報収集

業界の上場企業のIR資料をチェックすることで、業界の動向や方向性を知ることができます。決算短信、補足資料で今を知り、決算説明会資料でこれからの戦略をうかがい知ることが可能です。

上場企業のIR資料をチェックする

IR資料

Investor Relations。株主や投資家に対して投資判断の材料になる企業情報を提供する企業活動。法的に定められた公開範囲を超える情報の提供については企業の方針に違いがあり、情報量がまちまちであるため、詳細にチェックする必要がある。

上場企業はIR資料（決算短信、有価証券報告書、決算補足資料、決算説明会資料、月次売上データなど）を公開しています。上位小売業には上場企業も多いので、IR資料を見ることによって、企業の業績動向や戦略について理解することが可能です。

例えば、大手食品スーパーのライフコーポレーションの場合、HPのIRライブラリーの中に、決算短信、決算短信参考資料、決算説明会資料などが掲示されていて、かなり詳細な経営データや会社戦略を確認することができます。その何年分かを並べて分析すれば、いろいろなことがわかります。

決算補足資料から過去を、決算説明会資料から未来を知る

特に重要なのが決算説明会資料です。これには、企業の収益の変動要因、目標設定、売上の増加要因などがわかりやすく説明されています。中でも最も重要な点は、会社の重点的な取り組み目標が明確に書かれていることです。

例えばライフの場合は、コロナ感染対策は当然として、健康志向の新型店舗、EC強化とデジタル化推進、キャッシュレス推進、プロセスセンター投資による効率化推進などの多様な施策を実行中であり、スーパーの将来像を見据えた中長期的な取組を着実に実行していることがわかります。こうした上場企業のIR資料を可能な限りチェックして比較すると、業界全体の方向性が整理できるようになります。

▶ 企業のIR情報を検索する

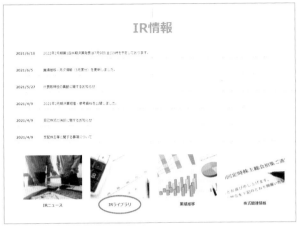

◀企業名＋IRをキーワード検索すればアクセスできる。

▶決算短信参考資料には、業績はもとより、商品部門別の売上、粗利率、地域別の売上、設備投資内容、店舗の出退店状況など多くのデータが時系列で開示されている。

◀IR情報を調べることで、例えば、売上の8割以上は食品で、粗利率が高いのは惣菜で、首都圏の出店を強化しているので売上も首都圏で増えている、といったことがわかる。

出典：ライフコーポレーション

業界の将来や周辺環境を知るための情報収集

将来人口推計や景気ウォッチャー調査で、業界全体に影響する周辺環境を把握することができます。調査の過程で出てくる参考資料やキーワードは、業界分析の大きな手掛かりになります。

将来人口推計と景気ウォッチャー調査を見る

　小売業界の動向を把握するためには、市場動向や企業動向だけでは足りません。小売市場の未来に関連するデータも確認することで、将来の見通しも把握可能になります。

　消費者向けビジネスである小売業界において、中長期的に大きく影響するのは人口の動向、高齢化の動向だと言えるでしょう。国立社会保障・人口問題研究所では、日本の人口の推移を予測した「将来人口推計」を公表しています。ここでは全国・都道府県・市町村別、年齢階層別などの詳細なデータを入手できます。このデータを活用すれば、エリア別に異なる人口動態や高齢化の進行を予測することも可能です。一度目を通しておくと、リアリティのある将来像について語ることが可能になることでしょう。

　また、内閣府の「景気ウォッチャー調査」では、少し先の市場動向などがわかります。これは景気の先行きについて各業界関係者などから聞いて集計しているアンケート調査ですが、経験則に基づいた回答は結構当たることがわかっています。

参考資料やキーワードは必ずデータの有無を確認

　紹介した以外にも多数の関連情報が存在します。業界動向や企業動向を確認していると、引用されている資料や目新しいキーワードなどが目につくことがあるでしょう。そうした際は必ず検索して、どういった資料か、どのような概念なのかについて、確認することをお勧めします。現代はネット検索で相当の情報を得られる時代です。基本の情報を押さえ、関連情報を確認していく習慣さえつけておけば、業界分析に関する情報アクセスのコツをつかむことができるでしょう。

▶ 将来人口推計の検索

国立社会保障・人口問題研究所HP
http://www.ipss.go.jp/syoushika/tohkei/Mainmenu.asp

▶ 景気ウォッチャー調査の検索

「まちかど景気」とも言われるこのデータは、業種別に公表されている。消費者向け
ビジネスである小売に関して、先行指標として参考にしてもいい。
内閣府HP
https://www5.cao.go.jp/keizai3/watcher/watcher_menu.html

索引

著者紹介

中井 彰人（なかい　あきひと）

株式会社nakaja lab 代表取締役。第一勧業銀行（現みずほ銀行）
に入行、法人融資担当を経験後、2004年より、みずほ銀行産
業調査部　小売・流通アナリストに10年以上従事。2016年、
同行を退職後、中小企業診断士として独立、開業。流通関連で
の情報発信活動を継続し、新聞、雑誌、TVなどへの寄稿、出演、
コメント提供、講演活動などを実施中。

- ■ 装丁　　　　　　井上新八
- ■ 本文デザイン　　株式会社エディポック
- ■ 本文イラスト　　関上絵美・晴香　イラストAC
- ■ 担当　　　　　　伊東健太郎
- ■ 編集／DTP　　　株式会社エディポック

図解即戦力（ず かい そく せん りょく）

小売業界のしくみとビジネスが
これ1冊でしっかりわかる教科書

2021年9月7日　初版　第1刷発行
2024年5月1日　初版　第3刷発行

著　者　　中井 彰人（なかい あきひと）
発行者　　片岡 巌
発行所　　株式会社技術評論社
　　　　　東京都新宿区市谷左内町21-13
　　　　　電話　03-3513-6150　販売促進部
　　　　　　　　03-3513-6185　書籍編集部
印刷／製本　株式会社加藤文明社

ISBN978-4-297-12245-4 C1034　　　　Printed in Japan

● さらなる「情報収集」を
　ご希望の方へ

購入者特典といたしまして、「情報収
集」に関するご相談などを著者が直
接メールでお答えします。詳しくは
以下の本書サポートページをご覧く
ださい。

・本書サポートページ
https://gihyo.jp/book/2021/978-
4-297-12245-4/support

◆ お問い合わせについて

・ご質問は本書に記載されている内
容に関するもののみに限定させて
いただきます。本書の内容と関係
のないご質問には一切お答えでき
ませんので、あらかじめご了承く
ださい。

・電話でのご質問は一切受け付けて
おりませんので、FAXまたは書面
にて下記問い合わせ先までお送り
ください。また、ご質問の際には
書名と該当ページ、返信先を明記
してくださいますようお願いいた
します。

・お送りいただいたご質問には、で
きる限り迅速にお答えできるよう
努力いたしておりますが、お答え
するまでに時間がかかる場合がご
ざいます。また、回答の期日をご
指定いただいた場合でも、ご希望
にお応えできるとは限りませんの
で、あらかじめご了承ください。

・ご質問の際に記載された個人情報
は、ご質問への回答以外の目的に
は使用しません。また、回答後は
速やかに破棄いたします。

◆ お問い合せ先

〒162-0846
東京都新宿区市谷左内町21-13
株式会社技術評論社　書籍編集部
「図解即戦力
小売業界のしくみとビジネスが
これ1冊でしっかりわかる教科書」係
FAX：03-3513-6181
技術評論社ホームページ
https://book.gihyo.jp/116